Timo Uhlenbrock

Kinofilme und ihre Altersfreigaben

Eine medienpädagogische Auseinandersetzung
mit den Maßstäben und Kriterien der FSK

Diplomarbeit
Philipps-Universität Marburg
Fachbereich Erziehungswissenschaften
Abgabe März 2006

Diplom.de

Diplomica GmbH ————
Hermannstal 119k ————
22119 Hamburg ————

Fon: 040 / 655 99 20 ————
Fax: 040 / 655 99 222 ————

agentur@diplom.de ————
www.diplom.de ————

ID 9509
Uhlenbrock, Timo: Kinofilme und ihre Altersfreigaben ·
Eine medienpädagogische Auseinandersetzung mit den Maßstäben und Kriterien der FSK
Druck Diplomica GmbH, Hamburg, 2006
Zugl.: Philipps-Universität Marburg, Diplomarbeit, 2006

Diplomica GmbH
http://www.diplom.de, Hamburg 2006
Printed in Germany

LEBENSLAUF

PERSÖNLICHE ANGABEN

Name:	Timo Uhlenbrock
Geburtsdatum:	15.12.1980
Geburtsort:	Bonn
Familienstand:	in Partnerschaft lebend
Konfession:	evangelisch

ANGESTREBTER AKADEMISCHER ABSCHLUSS

Zum Juni 2006   Diplom – Pädagoge

BISHERIGE TÄTIGKEITEN

Ab Jan 2005   **Evangelische Familienbildungsstätte Marburg e.V.**
Barfüßertor 34, 35037 Marburg

- Referent für musische Bildung Erwachsener
- Referent zur Vermittlung von Medienkompetenz im Alltag mit Kindern

Aug-Sep 2004   **Medienzentrum Bremen**
Waller Heerstraße 46, 28217 Bremen

- Praktikum in den makemedia studios
- Betreuung von Schülergruppen bei Video-Projekten
- Mitarbeit bei den Dreharbeiten zu einem Kurzfilmprojekt

Ab März 2004   **Jugendbildungswerk Marburg-Biedenkopf**
Im Lichtholz 60, 35043 Marburg

- Organisation und Leitung von Bildungsseminaren für Jugendliche aus den Bereichen politische Bildung und Medienerziehung

Mai 2002-Juli 2004	**Betreuungsprojekt Richtsberg**
	Karlsbader Weg 3, 35039 Marburg

- Kindertagesbetreuung
- Organisation von Musik- und Medienprojekten

Feb 2002-Okt 2004	**Jugendförderung Marburg**
	Frankfurter Straße 21, 35037 Marburg

- Teamer bei Ferienspielen
- Organisator und Teamer bei Freizeiten für Kinder

Mai 2000-Juni 2001	**Zivildienst bei der Lebenshilfe e.V.**
	Vollersweg 8a, 27777 Ganderkesee

- Tagesbetreuung im Behindertenwohnheim
- Individuelle Schwerstbehindertenbetreuung
- Organisation und Durchführung von Musik- und Medienprojekten

Ab 1998	**selbstständiger Gitarrenlehrer**

- Gruppen/Einzelunterricht für Kinder und Erwachsene
- Leitungen von Fortbildungen für Erzieher zum Erlernen der Liedbegleitung auf der Gitarre
- Gitarrenkurse bei „la Percussion" in Marburg
- Gitarrenkurse an der Familienbildungsstätte Marburg

FORTBILDUNGEN

Okt 2005	Fortbildung des Jugendbildungswerks (Landkreis Marburg – Biedenkopf) zur Thematik:

- **„Medienkompetenz und Internet"**

Juli 2005	Fortbildung der ev. Familienbildungsstätte Marburg zur Thematik:

- **„Ideenschmiede für noch mehr Leichtigkeit und Sicherheit in der Kursarbeit"**

Feb 2005	Fortbildung des Jugendbildungswerks (Landkreis Marburg – Biedenkopf) zur Thematik:

- **„Balancierte Männlichkeit"**

Sep 2002	Fortbildung des Betreuungsprojektes Richtsberg zur Thematik:

- **„Deutsch lernen – mehrsprachig sprechen"**

AUSBILDUNG

1987-1991	Grundschule Bookholzberg
1991-1993	Orientierungsstufe Bookholzberg
1993-2000	Gymnasium Ganderkesee ▪ 2000 Abitur
Ab 2001	Philipps-Universität Marburg Studium der Diplom Pädagogik

ZUSATZQUALIFIKATIONEN

Sprachkenntnisse:	Englisch in Wort und Schrift
	Grundkenntnisse Italienisch
	Geringe Kenntnisse Französisch
Computerkenntnisse:	Benutzungsführung
	Win95, Win98, WinMe, WinXp
	Microsoft-Office Anwendungen (Excel, Word, Power Point)
	Internetkompetenzen
Führerscheinklasse:	3

INTERESSEN

1998-2000	Gitarrist und Sänger der Coverband „Five to One", Bookholzberg
1999	Hauptrolle im Musical: "Der kleine Horrorladen", Ganderkesee
2000-2001	Mitglied des Jazz-Pop-Duos „Point Grean", Ganderkesee
Ab 2002	Gitarrist und Sänger der Percussion-Rock-Band „moonaway"
Ab 2001	Uhlenbrock-Solo (CD-Aufnahme, Auftritte, Promotion)

Inhaltsverzeichnis

1. Einleitung

Kinder, Jugendliche und Erwachsene gehen gerne ins Kino und schauen sich gemeinsam Filme an, auch wenn die Besucherzahlen in den letzten 2 Jahren wieder gesunken sind. „Besuchten 2002 noch 163,9 Mio. die deutschen Kinos, so waren es 2003 nur mehr 149,0 Mio...“

(http://www.pressetest.de/pte.mc?pte=040705020, Zugriff: 12.08.05)

Jedoch sei die Faszination „Kino“ laut Helmut Fiebig, Chefredakteur von „CINEMA“, erhalten geblieben, denn „Kino ist und bleibt das innovative Leitmedium zwischen Tradition und Moderne. Kino ist ein bodenständiges und bewahrendes Medium, das sich bislang in jeder noch so krisenhaften Situation behauptet hat – und dies auch in Zukunft tun wird.“ (http://www.vgm.de/anzeigen/cinema/ci_kino.pdf, Zugriff: 10.08.05)

Und man muss dem amerikanischen Zukunftsforscher John Naisbitt Recht geben, wenn er sagt, dass man nicht nur ins Kino geht, um sich einen Film anzuschauen, sondern dass man sich vielmehr Filme im Kino anschaut, „um mit zweihundert Menschen zu lachen und zu weinen.“ (vgl. http://www.zitate.de/detail-kategorie-5238.htm. Zugriff: 08.08.05)

Und gerade dieser „Event-Charakter“ ist es, weswegen Kinder und Jugendliche vorwiegend ins Kino gehen. (vgl. Vollbrecht, 2002: S. 26-30.)

Wenn Herr Naisbitt und Herr Fiebig Recht behalten sollen, so muss man sich auch in Zukunft um die Wirkung von Filmen, gerade in Bezug auf Gewaltdarstellungen, Gedanken machen. Denn „unter allen Medienumgebungen – wie man die zahlreichen Freizeitorte nennen kann, in denen Medien genutzt werden – nimmt das Kino [gerade] für Jugendliche eine herausragende Stellung ein.“ (Vollbrecht, 2002: S. 26)

Für Kinder im Alter zwischen 6-12 Jahren spielt das Kino zwar noch eher eine untergeordnete Rolle, aber nichts desto trotz stellt es ein großes Unterhaltungsmedium dar. (vgl. Baacke, 1999: S. 306) Und eine Elternumfrage (355 Elternfragebögen) aus dem Projekt der Freiwilligen Selbstkontrolle der

Filmwirtschaft (FSK), "Medienkompetenz und Jugendschutz II – Wie wirken Kinofilme auf Kinder", hat gezeigt, dass 87 Prozent der Kinder im Alter von vier bis zwölf Jahren zum Zeitpunkt der Untersuchung schon mindestens einmal im Kino waren. In dieser Gruppe erfolgte dann der erste Kinobesuch zwischen drei und zehn Jahren. Und unter den Kindergartenkindern verfügten immerhin schon zwei Drittel über erste Kinoerfahrungen. Die Schülerbefragung bestätigte die Aussagen der Eltern. Demnach war die Hälfte der Kinder zum ersten Mal vor dem sechsten Lebensjahr im Kino. (vgl. Goehlnich, 2004: S. 12)

Diese Zahlen zeigen, dass auch jüngere Kinder zunehmend das Kino, zumeist zusammen mit ihren Eltern, für sich entdecken.

Dabei sind die Altersstufen des Gesetzes zum Schutz der Jugend in der Öffentlichkeit (JuSchG) noch nie grundlegend geändert worden und viele fordern eine Differenzierung.

Als ergänzende oder ersetzende Stufen sind dabei vor allem die Freigaben „ab 8, 9 oder 10" und „ab 14 Jahren" im Gespräch. (vgl. tv-diskurs Nr. 20/ 2002, S. 60)

Ist dieses jedoch auch aus wissenschaftlicher Sicht sinnvoll? Und was darf gezeigt werden? Ab welchem Alter darf was und wie viel davon gezeigt werden?

Mit diesen und ähnlichen Fragen beschäftigt sich die vorliegende Diplomarbeit.

Denn „Kinofilme versprechen Ablenkung, Spannung und Unterhaltung, sie befriedigen die Neugier nach Unbekanntem und gut erzählten Geschichten." (Vollbrecht 2002: S. 27) Nur sollte die Befriedigung dieser „Spannung und Unterhaltung" aus der Sicht des Jugendschutzes nicht begrenzt sein? Und wie viel Neugier darf befriedigt werden?

Nicht zu missachten ist auch der boomende DVD/Video-Markt in Deutschland, denn laut einer Studie von Lange (1997: S. 103ff.) schauen etwa 80% der 15- bis 19- jährigen Jungen und Mädchen regelmäßig Video und mit der Einführung der DVD (Digital Versatile Disc) 1997 hat sich „nach Angaben der GfK Panel Services Deutschland [...] der Gesamtmarktumsatz seit 1999 - dem Jahr, in dem in Deutschland mit der DVD erstmalig signifikante Erträge erwirtschaftet wurden - mehr als verdoppelt (+103%)" (http://www.bvv-medien.de/facts/factframes.html. Zugriff: 21.08.05).

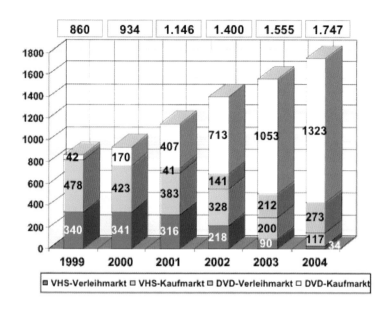

in MIO Euro (Endverbraucherpreise)

Abbildung 1: Umsatzentwicklung im Videomarkt 1999-2004 (Quelle: GfK Panel Services Deutschland)

Unter diesen Voraussetzungen gilt es in der Diplomarbeit zu prüfen, welche neuen medienpädagogischen und entwicklungspsychologischen Erkenntnisse das Thema: „Wie wirkt mediale Gewalt in Filmen auf Kinder und Jugendliche" mit sich bringt und wie die Entwicklungsstufen hinsichtlich der Verarbeitung von Gewaltdarstellungen in Filmen aussehen. Daraus resultierend soll untersucht werden, ob demnach nicht neue differenzierte Altersfreigaben für Filme in Betracht gezogen werden müssen.

In dieser Auseinandersetzung wird die Freiwillige Selbstkontrolle der Filmwirtschaft (FSK) eine zentrale Stellung in der Arbeit einnehmen, da durch sie die Freigaben der einzelnen Filme gesetzlich festgelegt werden.

Durch die Darstellung der geschichtlichen wie auch der Werte- Entwicklung der FSK soll zunächst die gegenwärtige Prüfpraxis der FSK und ihre Richtlinien aufgezeigt werden.

In einem zweiten Schritt werden neue und alte Theorien und Konzeptionen der Medienwirkungsforschung bezugnehmend auf Gewaltdarstellungen in Filmen beschrieben und dessen Aus- bzw. Einwirkungen auf Kinder und Jugendliche und die Angemessenheit der Altersfreigaben näher beleuchtet. Anschließend werden entwicklungspsychologische Erklärungsansätze herangezogen, um die bisherigen Ergebnisse um den Aspekt der kindlichen bzw. jugendlichen Entwicklungsstufen bezüglich der geistigen (Piaget), moralischen (Kohlberg) und Identitäts- (Erikson) Entwicklung zu erweitern.

In einem dritten Schritt werden Meinungen von Experten aus der Prüfpraxis hinsichtlich der gegebenen Freigabestufen eingefangen und miteinander verglichen.

Für ein abschließendes Resumee werden die Expertenmeinungen und Befunde aus der Medienwirkungsforschung und Entwicklungspsychologie zusammengefasst und es soll versucht werden, die leitende Frage beantwortet zu bekommen, ob und inwiefern eine Novellierung der Altersfreigaben der FSK Sinn macht.

2. Die Freiwillige Selbstkontrolle der Filmwirtschaft (FSK) und das neue Jugendmedienschutzgesetz

Im ersten Kapitel wird zunächst das Jugendschutzgesetz und deren Reglementierungsmaßnahmen in Bezug auf die Medien erläutert, um anschließend die im Jugendschutzgesetz verankerte Freiwillige Selbstkontrolle der Filmwirtschaft (FSK) mit ihren Maßstäben, Kriterien und Wirkung in der Öffentlichkeit darzustellen.

2.1. Das Jugendschutzgesetz und die Medien

Am 10. November 1949 legte eine Gruppe von Abgeordneten, darunter auch der bayerische CSU-Abgeordnete Dr. Franz-Josef Strauß als Vorsitzender des Jugendausschusses, dem Bundestag einen Gesetzentwurf *zum Schutze der Jugend in der Öffentlichkeit* vor, welcher am 6. Dezember 1951 in abgeänderter Form als Bundesgesetz verkündet wurde. Denn nach dem Zweiten Weltkrieg wurde verstärkt darauf geachtet, dass Kinder und Jugendliche vor den negativen Einflüssen der Medien geschützt werden.

„Medien wurde damals wie heute eine „Sündenbockrolle" als Ursache für eine steigende Brutalisierung, Kriminalisierung sowie Konsumorientierung in der Gesellschaft und insbesondere im Hinblick auf Kinder und Jugendliche zugeschrieben." (Lieven, 1994: 167. Filmecho/ Filmwoche)

In dem aktuellen Jugendschutzgesetz werden, bezogen auf den Bereich der Medien, der Verkauf und anderweitiges Zugänglichmachen von Filmen und Computer-/Videospielen in der Öffentlichkeit, die Zuständigkeiten der Jugendschutz-Organisationen Freiwillige Selbstkontrolle der Filmwirtschaft (FSK) und Unterhaltungssoftware Selbstkontrolle (USK) sowie die Handlungsweite der Bundesprüfstelle für jugendgefährdende Medien und ihr Instrument der Indizierung geregelt.

Bereits Ende 1984 gab es eine entscheidende Novellierung des Jugendschutzgesetzes, in der als zentraler Punkt der § 7 JuSchG (analog zum bekannten § 6) geschaffen wurde. Laut diesem Paragraph durften bespielte

Videokassetten nur noch an Erwachsene abgegeben werden, es sei denn, sie hatten von den Obersten Landesjugendbehörden (OLJB) eine Jugendfreigabe erhalten. Zudem wurde das Gesetz über die Verbreitung jugendgefährdender Schriften (GjS) geändert, ebenso das Strafrecht. Indizierte und pornographische Filme durften beispielsweise nur noch in extra „Läden" vermietet werden, zu denen Kinder und Jugendliche keinen Zutritt hatten und auch die Bestimmungen des § 131 Strafgesetzbuch (gewaltverherrlichende Schriften) wurden erweitert. (vgl. Gottberg, 1999: S. 17)

Seit dem 1. April 2003 gibt es in Deutschland ein neues, überarbeitetes Jugendschutzgesetz, sowie den damit verbundenen "Staatsvertrag über den Schutz der Menschenwürde und den Jugendschutz in Rundfunk und Telemedien." (Jugendmedienschutz-Staatsvertrag [JMStV])

Dieses neue Jugendschutzgesetz von 2003 „fasst die Summe aller Off-line-Medien, die von der FSK geprüft werden, nunmehr unter den Oberbegriff „Trägermedien" zusammen – in Abgrenzung zu „Telemedien" (on-line)." (FSK-Broschüre 2004: S. 12)

In diesem Sinne reagiert der Jugendmedienschutz auf die großen Veränderungen im Medienbereich, indem einmal die neuen Medien – die sogenannten „Telemedien"- in die gesetzlichen Regelungen des Jugendmedienschutzes miteinbezogen werden und die bisherige „Bundesprüfstelle für jugendgefährdende Schriften" in „Bundesprüfstelle für jugendgefährdende Medien" umbenannt wurde. Auch beim Kino sind Neuregelungen getroffen wurden, sodass die Altersfreigabe „ab 18" durch „keine Jugendfreigabe" ersetzt wurde und die Freigabe von Filmen „ab 12 Jahren" auch für jüngere Kinder ab 6 Jahren gestattet ist, wenn sie in Begleitung von einem personensorgeberechtigten Erwachsenen sind. (Parental guidance-Regelung = PG-Regelung, JuSchG, Abschnitt 3, §11, §14)

Bei letzterem „intendiert der Gesetzgeber die Stärkung des Elternrechts auf eigene Entscheidung und bewusste inhaltliche Auswahl eines gemeinsamen Kulturerlebnisses." (Hönge, 08/2004: S.1)

Auf diese PG- Regelung wird in der Arbeit an anderer Stelle noch näher eingegangen.

Bedeutend ist auch die neu eingeführte Unterscheidung von „unzulässigen Angeboten" und „entwicklungsbeeinträchtigenden Angeboten" (Jugendmedienschutz-Staatsvertrag (JMStV) §5, Abs. 1).

Zu den unzulässigen Angeboten gehören u.a. die schon im bisherigen Jugendmedienschutz verbotene nationalsozialistische Propaganda, Krieg verherrlichende Darstellungen, Kinderpornografie sowie harte Pornografie. Diese Angebote sind mit einem generellen Verbot belegt (JuSchG, Abschnitt 3, § 15, Abs. 2) und zögen bei Entdeckung eine Beschlagnahmung nach sich.

Gerade Filme im Bereich des Horrorfilmes werden relativ häufig beschlagnahmt. Dieses wird durch einen Staatsanwalt beantragt und durch ein Gericht verfügt. Die Beschlagnahmung erfolgt in den allermeisten Fällen aufgrund des Paragraphen § 131 StGB (Gewaltdarstellung; Darstellung von gewaltsamen Handlungen an Menschen oder menschenähnlichen Lebewesen zum reinen Selbstzweck). Eine Beschlagnahmung wird bundesweit ausgesprochen. Vom betroffenen Film werden die Masterbänder sowie alle im Umlauf befindlichen Kopien eingezogen. Ebenso wird mit der Beschlagnahmung der Handel und Verkauf dieser Filme verboten und unter Strafe gestellt. Der Privatbesitz beschlagnahmter Filme ist gestattet, ausgenommen es handelt sich um Kinderpornographie.

„Normale" Pornografie oder „harte", aber strafrechtlich unbedenkliche Horrorfilme beispielsweise gelten als entwicklungsbeeinträchtigende Angebote und dürfen nur geschlossenen Benutzergruppen zugänglich gemacht werden. Als jugendgefährdend werden Medien, auch Printmedien sowie die neuen, unter Telemedien zusammengefassten Medien – ebenfalls dann angesehen, wenn sie „offensichtlich geeignet sind, die Entwicklung von Kindern und Jugendlichen oder ihre Erziehung zu einer eigenverantwortlichen und gemeinschaftsfähigen Persönlichkeit unter Berücksichtigung der besonderen Wirkungsform des Verbreitungsmediums schwer zu gefährden" (JuSchG, Abschnitt 3, §15, Abs. 2) oder auf der Liste der jugendgefährdenden Medien stehen, die durch die Beurteilungspraxis der Bundesprüfstelle erstellt wird.

Ein interessantes Detail wurde den alten Bestimmungen jeweils hinzugefügt:

Die Gefährdung und die damit verbundenen Einschränkungen gelten auch bei virtuellen Darstellungen. Damit wird den medientechnischen Möglichkeiten der Produktion von sehr realen virtuellen Lebewesen Rechnung getragen.

Zudem haben die Anbieter von Filmen zu Informations-, Instruktions- oder Lehrzwecken aufgrund des geänderten Jugendschutzgesetzes die Möglichkeit, ihre Filme und Bildträger selbst zu kennzeichnen, wenn die Filme oder Bildträger offensichtlich nicht die Entwicklung oder Erziehung von Kindern und Jugendlichen beeinträchtigen. Diese Anbieterkennzeichen heißen „Lehrprogramm" oder „Infoprogramm". Auf sie ist wie auf die Alterseinstufungen hinzuweisen. Das Recht, Filme und Bildträger selbst zu kennzeichnen, kann jedoch bei Missbrauch von den obersten Landesbehörden entzogen werden. Zusätzlich stellt der Missbrauch eine Ordnungswidrigkeit dar.

Werbefilme und Werbeprogramme für alkoholische Getränke und Tabakwaren dürfen grundsätzlich und unabhängig von ihrer FSK-Freigabe erst ab 18 Uhr vorgeführt werden, und weiterhin müssen Werbeprogramme für die öffentliche Filmvorführung von der FSK freigegeben werden. Haben Kinder und Jugendliche Zutritt zu einer Filmvorführung, dürfen nur Werbefilme und Werbeprogramme oder Trailer gezeigt werden, die auch für die entsprechende Altersgruppe freigegeben sind.

Ebenfalls eine Neuerung ist, dass von der FSK gekennzeichnete Filme und Bildträger nicht mehr indiziert werden können, jedoch kann die Bundesprüfstelle für jugendgefährdende Medien (BPjM) bei Nicht- Kennzeichnung von Filmen und Bildträgern durch die FSK von sich aus - ohne Antrag - ein Indizierungsverfahren einleiten. Ein indizierter Bildträger ist mit einem umfassenden Verbreitungs-, Abgabe- und Werbeverbot belegt (§ 15 JuSchG).

Die öffentliche Filmvorführung von indizierten Filmen, ausschließlich vor Erwachsenen, ist weiterhin erlaubt.

Filme mit dem Prüfsiegel „SPIO/JK-Gutachten" wurden von einer Juristenkommission der Spitzenorganisation der Filmwirtschaft begutachtet. Dies bedeutet, dass der Film lediglich hinsichtlich strafrechtlich bedenklicher Inhalte (Nationalsozialistische Propaganda, Volksverhetzung o.ä.) geprüft wurde. Diese

Filme wurden der FSK jedoch nicht vorgelegt. Eine nachträgliche Indizierung oder Beschlagnahme ist demnach möglich.

Die Mitglieder der SPIO können bei Ablehnung der Kennzeichnung oder anstelle der Prüfung durch die FSK eine gutachterliche Stellungnahme durch die Juristenkommission (JK) der SPIO einholen. Diese aus drei unabhängigen Juristen bestehende Kommission prüft, ob ein Film, Video oder sonstiger Bildträger gegen strafrechtliche Bestimmungen verstößt. Ein JK-Votum hat den Status eines privatrechtlichen Gutachtens, das die strafrechtliche Unbedenklichkeit, nicht jedoch eine Übereinstimmung mit den Prüfgrundsätzen der FSK zum Ausdruck bringt.

Die Prüfung der Einhaltung dieser, durch den Jugendmedienschutz aufgetragenen Vorgaben, obliegt oftmals organisierter freiwilliger Selbstkontrollen.

Denn „der Kinder- und Jugendmedienschutz wird gegenwärtig durch eine Kombination von Lizensierung, Aufsicht und freiwilliger Selbstkontrolle realisiert [...] Ausgebaut wurde in den letzten Jahren vor allem der Bereich der freiwilligen Selbstkontrolle." (Vollbrecht 2001: S. 43).

Die Anbieter werden verpflichtet, durch eine geeignete Form der freiwilligen Selbstkontrolle sicherzustellen, dass ihre medialen Produkte nicht jugendgefährdend sind. Entsprechende Systeme gibt es bisher u.a. bei den Kinofilmen (FSK), den Fernsehangeboten der privaten Anbieter (Freiwillige Selbstkontrolle Fernsehen, FSF), den Computerspielen (USK) oder den Multimediaangeboten (FSM). Welchen Bedingungen diese Selbstkontrollen genügen müssen, ist ebenfalls gesetzlich geregelt.

2.2. Die FSK und ihre Prüfkriterien

Die oben angesprochenen Befürchtungen, dass mediale Produkte sich jugendgefährdend und demnach als negativ für die Gesamtgesellschaft auswirken könnten, traten relativ schnell auf. Grund dafür war die, nach ihrer Entwicklung immer raschere Verbreitung von Medien auch im privaten Bereich, wie zum Beispiel das Fernsehen. Um diese besser kontrollieren zu können, kam es bis heute zu der Gründung verschiedener Institutionen.

2.2.1. Geschichte der FSK

Als erste Institution wurde bereits 1912 die Landesstelle für Filmzensur in Berlin gegründet.

„Bereits damals richtete man besondere Aufmerksamkeit auf den Jugendschutz, Kindern und Jugendlichen wurde der Kinobesuch entweder gar nicht oder nur ab einem bestimmten Alter bzw. nur in Begleitung Erwachsener gestattet." (Gottberg 1999: S. 3)

Im Ersten Weltkrieg (1914 –1918) brachte dann das Militär die Filmzensur unter ihre Kontrolle.

Nach der Novemberrevolution 1918 gab es zunächst keine Filmzensur, da eine solche als beklemmend empfunden wurde, aber schon in der Weimarer Verfassung des Deutschen Reiches vom 11.8.1919 wurde im Artikel 118 das Zensurverbot eingeschränkt[1] und zwei Jahre später, am 11.5.1920, wurde das Lichtspielgesetz in der Nationalversammlung verabschiedet. Es wurden unter der Leitung des Reichsministeriums des Inneren zwei Filmprüfstellen in Berlin und München und eine Oberprüfstelle in Berlin (als Berufungsinstanz) eingerichtet. Der Reichsminister ernannte die Prüfer auf Vorschlag der Verbände des Lichtspielgewerbes, der Kunst und Literatur, der Volksbildung, der Volkswohlfahrt und der Jugendwohlfahrt. In diesem Lichtspielgesetz wurden zum ersten Mal bindende Richtlinien festgelegt. Demzufolge durften Filme nicht zugelassen werden, wenn sie die öffentliche Sicherheit und Ordnung gefährdeten, wenn sie das religiöse Empfinden verletzten, wenn sie verrohend oder entsittlichend wirkten oder wenn sie das deutsche Ansehen oder die Beziehung zu auswärtigen Staaten gefährdeten. (vgl. Gottberg 1999: S. 4)

---

[1] (1) Jeder Deutsche hat das Recht, innerhalb der Schranken der allgemeinen Gesetze seine Meinung durch Wort, Schrift, Druck, Bild oder in sonstiger Weise frei zu äußern. An diesem Rechte darf ihn kein Arbeits- oder Anstellungsverhältnis hindern, und niemand darf ihn benachteiligen, wenn er von diesem Rechte Gebrauch macht. (2) Eine Zensur findet nicht statt, doch können für Lichtspiele durch Gesetz abweichende Bestimmungen getroffen werden. Auch sind zur Bekämpfung der Schund- und Schmutzliteratur sowie zum Schutze der Jugend bei öffentlichen Schaustellungen und Darbietungen gesetzliche Maßnahmen zulässig. (Weimarer Reichsverfassung vom 11. August 1919, § 118 in: http://www.documentarchiv.de/wr/wrv.html, 3.7.05)

Auch der Jugendschutz fand in diesen Kriterien seinen Ausdruck. Dementsprechend durften Filme für Kinder und Jugendliche zwischen 6 und 18 Jahren nicht freigegeben werden, wenn „eine schädigende Einwirkung auf die sittliche, geistige oder gesundheitliche Entwicklung oder eine Überreizung der Phantasie der Jugendlichen" (Lichtspielgesetz vom 12. Mai 1920, §3 Abs. 2 http://www.documentarchiv.de/wr/1920/lichtspielgesetz.html. Zugriff: 3.7.05) zu befürchten war. Es bestand ein genereller Vorlagezwang für Filme, aber die Prüfung auf Jugendeignung wurde nur auf Antrag durchgeführt.

Während der Zeit des Nationalsozialismus in Deutschland wurde eine strikte Vorzensur von Filmproduktionen seitens des Staates eingeführt und „die erste nationalsozialistische Regierung änderte am 16.2.1934 das Lichtspielgesetz in entscheidenden Punkten, wodurch sich dessen Zielsetzung und die [...] Prüfmethoden fundamental änderten." (Gottberg 1999: S. 4)

Es durften im Folgendem ausschließlich Filme produziert werden, die der nationalsozialistischen Ideologie nicht widersprachen. (vgl. Albrecht 1969: S. 512, §7)

Nach dem Ende des Zweiten Weltkrieges und dem Ende der nationalsozialistischen Diktatur in Deutschland, ist auch die damit verbundene Verstaatlichung der deutschen Filmwirtschaft aufgehoben worden.

Daraufhin fiel der deutsche Film 1945 unter die Kontrolle der Alliierten Besatzungsmächte. Die alliierte Filmzensur hatte sich zur Aufgabe gemacht, das deutsche Volk durch eine entsprechende Zensur zu demokratisieren. Die Schlagworte der alliierten Filmpolitik hießen „Security" (Wahrung der militärischen Sicherheit), „Reeducation", (politische Umerziehung) und „Screening" (Ausschaltung der Geisteserzeugnisse der politischen Gegner), wodurch man eine Bereinigung von nationalsozialistischen imperialistischen Inhalten erreichen wollte. (vgl. FSK-Broschüre 2004: S. 10) Eine Zensur für Jugendliche gab es nicht.

Erich Pommer, vor dem Krieg ein sehr erfolgreicher deutscher Produzent („Der letzte Mann", „Metropolis", „Der blaue Engel"), kehrte nach dem Krieg als oberster Film-Offizier der amerikanischen Besatzungsmacht aus dem Exil nach Deutschland zurück und hat sich zusammen mit dem Sprecher der

Filmproduzenten der amerikanischen Zone, dem Kulturfilmregisseur Curt Oertel, um den Wiederaufbau und die Neuordnung der deutschen Filmwirtschaft gekümmert. Allerdings haben sich beide nicht um die "deutsche" Filmwirtschaft bemüht, sondern um den Wiederaufbau und die Neuordnung der Filmwirtschaft in der US-Zone. Oertel durfte informelle Beziehungen zu seinen deutschen Kollegen in den anderen Zonen, Pommer immerhin formelle Beziehungen zu den Film-Offizieren der anderen Besatzungsmächte haben, aber um den "deutschen" Film hatte sich sozusagen erst mal niemand gekümmert. Oertel erarbeitete unter Anlehnung an das Lichtspielgesetz von 1920 und dem *Production Code*[2] der amerikanischen Filmindustrie die ersten Grundsätze zur Schaffung einer Freiwilligen Selbstkontrolle der Filmwirtschaft (FSK).

Gemeinsam mit dem seit 1948 amtierenden Geschäftsführer des neuen Verbandes der Filmverleiher e.V., Horst von Hartlieb, vervollständigte man das Konzept einer Freiwilligen Selbstkontrolle.

Dieses Konzept beinhaltete im Wesentlichen die Ziele, einerseits jegliches behördliches Eingreifen und staatliche Reglementierung bei der Filmproduktion überflüssig zu machen, und andererseits eine geregelte Vorzensur für jugendgefährdende Filme zu finden. Außerdem sollte durch die Schaffung einer zentralen Freiwilligen Selbstkontrolle der Filmwirtschaft (FSK) die Zersplitterung der Zensuraufgaben in regionalen Einzelverfahren vermieden werden. (vgl. FSK-Broschüre 2004: S.10)

Die Kultusminister der Länder, der Arbeitsauschuss der Filmwirtschaft, die Vereinigung der Filmwirtschaftsverbände der Produzenten, der Filmtheater und der Verleiher, sowie die Kirchen konnten sich nach langen Verhandlungen auf eine gemeinsame FSK einigen, denn die meisten hielten „eine Filtration durch Stellen erforderlich, die eine umfassende Kenntnis des Filmmaterials mit einer

---

[2] "Der Motion Picture Production Code - Will H. Hays, Leiter der *Motion Pictures Producers and Distributors of America (MPPA)* formuliert den *Motion Picture Production Code*, auch *Hays Code*. Die von der Filmindustrie ins Leben gerufene Zensurbehörde, einstiges Instrument zur Bewarung der Ausdrucksfreiheit wird nun durch überaus eng formulierte Restriktionen zu einem lenkenden Apparat." (http://www.35millimeter.de/filmgeschichte/amerikanischer-film/1930/der-motion-picture-production-code.85.htm, 3.7.05)

geschulten Urteilsfähigkeit über die seelisch-geistige Lage der Lebensstufen verbinden" (Stückrath/Schottmayer, 1955, S. 171).

Und so trat am 18. Juli 1949 zum ersten Mal ein Gremium der FSK, bestehend aus Vertretern der Länder, der Filmwirtschaft und der katholischen, sowie der protestantischen/evangelischen Kirche in Wiesbaden zusammen, um über die Freigabe eines Films zu diskutieren. Das erste Filmprojekt der FSK war der noch während der NS- Zeit produzierte Spielfilm „Intimitäten" (DE 1942/1943) von Paul Martin. Das Urteil lautete: „Freigabe zur öffentlichen Vorführung, aber nicht vor Jugendlichen unter 16 Jahren und nicht am Karfreitag, Buß- und Bettag und Allerseelen oder Totensonntag."

Am 28. September 1949 übertrugen die Alliierten Militärbehörden offiziell ihre Kontrollbefugnis auf die nunmehr auch formell etablierte FSK.

Die Vorlage der Filme bei der FSK geschahen nicht aufgrund eines staatlichen Zwanges, sondern durch Selbstverpflichtung der verbandlich organisierten Verleiher und auch die Kinobesitzer verpflichteten sich, die Prüfergebnisse der FSK zu akzeptieren und umzusetzen. (vgl. Gottberg 1999: S. 6)

Dem Vorwurf einer Zensur für Filme durch die FSK, die laut Grundgesetz Artikel 5 nicht gestattet ist, kann insofern nicht zugestimmt werden, da Filmverleiher der FSK ihre Filme nicht vorlegen müssen, weil diese Einrichtung nicht staatlich, sondern freiwillig ist. Dies bedeutet, dass der Filmverleiher die FSK nicht kontaktieren muss und dennoch seinen Film in den Kinos spielen lassen könnte. Nur dieser Film dürfte nur Erwachsenen gezeigt werden. Aber ein Film, der nicht FSK-geprüft ist und den auch unter 18-Jährige besuchen, zöge schnell eine Untersuchung durch die Staatsanwaltschaft nach sich und fände zuvor wahrscheinlich keinen Kinobetreiber, der diesen Film ins Programm aufnehmen würde. Demzufolge herrscht schon ein immenser indirekter Vorlage-Zwang.

Im Mittelpunkt des Prüfinteresses stand jedoch noch nicht der Jugendschutz, sondern jene Kriterien, welche bereits für die alliierte Filmpolitik relevant waren.

„Die Filme wurden entweder ab 16 freigegeben, oder sie wurden als *jugendgeeignet* eingestuft, in diesem Falle konnten Minderjährige unter 16 Jahren den Film uneingeschränkt besuchen." (Gottberg 1999: S. 7)

15

Erst später kamen die Alterseinstufungen: „ab 6 Jahre", „ab 12 Jahre", „ab 16 Jahre" und „ab 18 Jahre", auf welche in diesem Kapitel noch ausführlicher eingegangen wird.

Mit der bereits erwähnten Novellierung des Jugendschutzgesetzes von 1985 wurde die Kennzeichnungspflicht auf neue Medien (Videofilme und vergleichbare Bildträger) ausgeweitet. Der *Bundesverband Video e.V.* schloss sich daraufhin der SPIO an, um von ihr alle zu veröffentlichenden Videofilme überprüfen zu lassen. Der *Bundesverband Video e.V.* wurde dazu zum Mitträger der FSK.

Hierdurch hat sich das Prüfvolumen bei der FSK stark ausgeweitet und die neuen Bestimmungen gelten auch für die erst im folgenden Jahrzehnt auf den Markt gekommenen vergleichbaren Bildträger (DVD, CD-ROM etc.). (vgl. FSK-Broschüre 2004: S.12)

Im gleichen Jahr erfolgte auch die Erweiterung der Freigaben um die "Freigabe ohne Altersbeschränkung".

Während sich die FSK in Westdeutschland etablierte, fiel in der DDR bis zur Wiedervereinigung die Vorzensur unter staatliche Kontrolle. 1990 schlossen sich dann die neuen Bundesländer den Vereinbarungen der FSK an und seit 1995 werden auch digitale Medien, wenn sie filmische Sequenzen enthalten, auf ihre Altersfreigabe hin geprüft.

2.2.2. Aufgaben, Grundsätze und rechtliche Grundlagen

Die FSK ist eine Einrichtung der Spitzenorganisation der Filmwirtschaft e.V. (SPIO) - der Dachverband von momentan 16 film- und videowirtschaftlichen Verbänden - und seit dem 01.01.2002 wird die FSK als Tochtergesellschaft der SPIO e.V. in Form einer GmbH geführt. Jedoch übt die SPIO keinen inhaltlichen Einfluss auf die Arbeit und die Prüfentscheidungen der FSK aus, da die FSK finanziell autonom ist und sich über die Prüfgebühren der Antragsteller finanziert. (vgl. FSK-Broschüre 2004: S. 5)

Die obersten Landesbehörden sind zuständig für die Freigabe von Filmen, Videos und anderen vergleichbaren Bildträgern, die zur öffentlichen Vorführung für Kinder und Jugendliche vorgesehen sind. Diese obersten Landesbehörden bedienen sich der Prüfungsentscheidungen der FSK. Diese Prüfentscheidungen wiederum begründen sich aus den Grundsätzen der FSK.

Diese Grundsätze, bestehend aus 33 Paragraphen, bilden das Fundament dieser Institution und werden von der Grundsatzkommission erlassen, welche mit 20 Mitgliedern besetzt ist. Diese sind paritätisch mit Vertretern der Film-/Videobranche, der öffentlichen Hand, der öffentlich-rechtlichen Rundfunkanstalten, der Landesmedienanstalten, sowie des Jugendschutzes besetzt. Reformen können nur mit einer ¾-Mehrheit entschieden werden, vorausgesetzt bei der Abstimmung sind mindestens über die Hälfte der Stimmberechtigten anwesend.

Die Prüfungen durch die FSK finden auf Antrag statt, jedoch erhält ein nicht zur Prüfung vorgelegter Film oder Bildträger keine Freigabenkennzeichnung und darf Jugendlichen unter 18 Jahren gemäß § 2 der Grundsätze der FSK nicht gezeigt werden.

Bei erfolgter Prüfung kann eine Kennzeichnung unter den gesetzlich verankerten Alterseinstufungen durch das Jugendschutzgesetz, wie schon erwähnt, entweder mit „Freigegeben ohne Altersbeschränkung", „ab sechs Jahren", „ab zwölf Jahren" , „ab 16 Jahren" oder „keine Jugendfreigabe" erfolgen.

Alle Mitgliedsverbände der SPIO haben sich dazu verpflichtet, Filme, Videokassetten oder DVD's nur dann zur Aufführung, in den Verleih oder in den Verkauf zu geben, wenn sie den Grundsätzen der FSK entsprechen. (vgl. FSK-Grundsätze § 1, Abs. 2.1.)

Das Hauptanliegen der Grundsätze der FSK ist die wirksame Durchsetzung der im Grundgesetz verankerten Meinungs- und Informationsfreiheit, insbesondere der Presse- und Kunstfreiheit, in Abwägung mit anderen Grundrechten, wie dem Grundrecht von Kindern und Jugendlichen auf körperliche, geistige und seelische Unversehrtheit. (vgl. Bürgerliches Gesetzbuch; BGB, §1666)

Im § 2 der Grundsätze werden die „Richtlinien für die Prüfung der Filme und Bildträger" geregelt. Ganz bedeutend für die FSK ist, dass sie die im Grundgesetz geschützten Werte, vor allem die verfassungsmäßige Ordnung und das Sittengesetz (Art. 2 Abs. 1 GG) sowie die in Art. 5 GG eingeräumte Freiheit der

Kunst zu beachten haben. Gesetzliche Grundlage für die Arbeit der FSK ist das Jugendschutzgesetz in der jeweils geltenden Form.

Dementsprechend darf kein Film oder Bildträger:

1. das sittliche oder religiöse Empfinden oder die Würde des Menschen verletzen, entsittlichend oder verrohend wirken oder gegen den grundsätzlich gewährleisteten Schutz von Ehe und Familie verstoßen, im Besonderen brutale und sexuelle Vorgänge in übersteigerter, anreißerischer und aufdringlich selbstzweckhafter Form schildern;

2. die freiheitlich-demokratische Grundordnung gefährden oder die Menschenrechte oder Grundrechte missachten, im Besonderen durch totalitäre oder rassenhetzerische Tendenzen;

3. das friedliche Zusammenleben der Völker stören und dadurch die Beziehungen der Bundesrepublik Deutschland zu anderen Staaten gefährden, imperialistische oder militärische Tendenzen fördern oder das Kriegsgeschehen verherrlichen oder verharmlosen.

(Auszug aus der FSK-Broschüre 2004, S. 4-5)

Für die Jugendprüfung übernehmen die FSK-Grundsätze in § 18 die Vorschriften des jeweils geltenden Jugendschutzgesetzes (§§ 11-15 JuSchG).

Bei den Prüfungen durch die FSK drehen sich alle medienschutzrelevanten Aspekte für oder gegen eine entsprechende Alterseinstufung um den Leitsatz im § 14 Absatz 1 des JuSchG, indem es heißt:

„Filme, sowie Film- und Spielprogramme, die geeignet sind, die Entwicklung von Kindern und Jugendlichen oder ihre Erziehung zu einer eigenverantwortlichen und gemeinschaftsfähigen Persönlichkeit zu beeinträchtigen, dürfen nicht zur Vorführung vor oder zur Abgabe an ihre Altersstufe freigegeben werden".

2.2.3. Die FSK- Freigaben

Zunächst ist in Bezug auf die FSK-Freigaben wichtig anzuführen, dass die FSK mit ihren Freigaben keine pädagogische Empfehlung oder ästhetische Bewertung von Filmen vornimmt, sondern lediglich die Filme dahingehend prüft, ob der ihnen vorliegende Film unter verschiedenen Aspekten des Jugendmedienschutzes, für eine höhere bzw. niedrigere Altersstufe oder nur für Erwachsene freizugeben ist.

„Hierbei ist grundsätzlich das Wohl der jüngsten Jahrgänge einer Altersstufe zu beachten. Ebenso sind nicht nur durchschnittliche, sondern auch gefährdete Kinder und Jugendliche zu berücksichtigen" (FSK-Broschüre 2004: S.6)

Außerdem prüft die FSK die entsprechenden Filme zwar aufgrund eines ihnen vorliegenden Antrags, aber nicht antragsgemäß, was bedeutet, dass die Filmverleiher zwar einen Antrag stellen, indem sie eine bestimmte Freigabe erzielen möchten (z.B. bei Disneyproduktionen oftmals eine Freigabe ohne Altersbeschränkung), die FSK jedoch davon unabhängig prüft. Somit kann es z.B. durchaus passieren, dass ein Film mit einem Antrag für eine Freigabe ab 6 Jahren, eine Freigabe ohne Altersbeschränkung erhält, da keine jugendmedienschutzbedenklichen Inhalte existieren, jedoch unter wirtschaftlichen Aspekten eine Freigabe ab 6 Jahren für den Filmverleiher attraktiver gewesen wäre.

Im Folgenden sind die Maßstäbe und Kriterien der FSK für die entsprechenden Alterseinstufungen, welche den Prüfern bekannt sein sollten, dargestellt:

- **Freigegeben ohne Altersbeschränkung**

Kleinkinder erleben filmische Darstellungen unmittelbar und spontan. Ihre Wahrnehmung ist vorwiegend episodisch ausgerichtet, kognitive und strukturierende Fähigkeiten sind noch kaum ausgebildet. Schon dunkle Szenarien, schnelle Schnittfolgen oder eine laute und bedrohliche Geräuschkulisse können Ängste mobilisieren oder zu Irritationen führen. Kinder bis zum Alter von 6 Jahren identifizieren sich vollständig mit der Spielhandlung und den Filmfiguren. Vor allem bei Bedrohungssituationen findet eine direkte Übertragung statt. Gewaltaktionen, aber auch Verfolgungen oder Beziehungskonflikte lösen Ängste aus, die nicht selbständig und alleine abgebaut werden können. Eine schnelle und positive Auflösung problematischer Situationen ist daher sehr wichtig.

- **Freigegeben ab 6 Jahren**

Ab 6 Jahren entwickeln Kinder zunehmend die Fähigkeit zu kognitiver Verarbeitung von Sinneseindrücken. Allerdings sind bei den 6- bis 11-jährigen beträchtliche Unterschiede in der Entwicklung zu berücksichtigen. Etwa mit dem 9. Lebensjahr beginnen Kinder, fiktionale und reale Geschichten unterscheiden zu können. Eine distanzierende Wahrnehmung wird damit möglich. Bei jüngeren Kindern steht hingegen noch immer die emotionale, episodische Impression im Vordergrund. Ein 6-jähriges Kind taucht noch ganz in die Filmhandlung ein, leidet und fürchtet mit den Identifikationsfiguren. Spannungs- und Bedrohungsmomente können zwar schon verkraftet werden, dürfen aber weder zu lang anhalten noch zu nachhaltig wirken. Eine positive Auflösung von Konfliktsituationen ist auch hier maßgebend.

- **Freigegeben ab 12 Jahren**

Bei Jugendlichen dieser Altersgruppe ist die Fähigkeit zu distanzierter Wahrnehmung und rationaler Verarbeitung bereits ausgebildet. Erste Genre-Kenntnisse sind vorhanden. Eine höhere Erregungsintensität, wie sie in Thrillern oder Science-Fiction-Filmen üblich ist, wird verkraftet. Problematisch ist dagegen zum Beispiel die Bilderflut harter, gewaltbezogener Action-Filme, die zumeist noch nicht selbständig verarbeitet werden kann. 12- bis 15-jährige befinden sich in der Pubertät, einer schwierigen Phase der Selbstfindung, die mit großer Unsicherheit und Verletzbarkeit verbunden ist. Insbesondere Filme, die zur Identifikation mit einem „Helden" einladen, dessen Rollenmuster durch antisoziales, destruktives oder gewalttätiges Verhalten geprägt ist, bieten ein Gefährdungspotenzial. Die Auseinandersetzung mit Filmen, die gesellschaftliche Themen seriös problematisieren, ist dieser Altersgruppe durchaus zumutbar und für ihre Meinungs- und Bewusstseinsbildung bedeutsam.

- **Freigegeben ab 16 Jahren**

Bei 16- bis 18-jährigen kann von einer entwickelten Medienkompetenz ausgegangen werden. Problematisch bleibt die Vermittlung sozial schädigender Botschaften. Nicht freigegeben werden Filme, die Gewalt tendenziell verherrlichen, einem partnerschaftlichen Rollenverhältnis der Geschlechter entgegenstehen, einzelne Gruppen diskriminieren oder Sexualität auf ein reines Instrumentarium der Triebbefriedigung reduzieren. Auch die Werteorientierung in Bereichen wie Drogenkonsum, politischer Radikalismus oder Ausländerfeindlichkeit wird mit besonderer Sensibilität geprüft.

- **Keine Jugendfreigabe**

Das bisherige „höchste" Kennzeichen „Nicht freigegeben unter 18 Jahren" lautet seit 1. April 2003 „Keine Jugendfreigabe". Dieses Kennzeichen wird vergeben, wenn eine einfache und keine schwere Jugendgefährdung vorliegt. Nach § 14 Abs. 3 u. 4 JuschG erfolgt für Videos die Vergabe des Kennzeichnens „Keine Jugendfreigabe", wenn eine einfache Jugendgefährdung vorliegt; für die öffentliche Filmvorführung, wenn der Film nicht offensichtlich schwer jugendgefährdend ist. So gekennzeichnete Filme, Videos und DVDs können von der Bundesprüfstelle für jugendgefährdende Medien (BPjM) nicht indiziert werden. (Auszug aus der FSK-Broschüre 2004, S. 6-7)

Diese Kriterien, nachdem sich die Prüfer weitesgehend richten sollten, offenbaren schon an dieser Stelle der Arbeit eine starke medienpädagogische Diskussionswürdigkeit, denn eine Prüfentscheidung und damit eine gesetzlich verankerte Altersfreigabe hinterlässt einen bitteren Beigeschmack, wenn beispielsweise ein Film für 9-jährige durchaus zumutbar gewesen wäre, jedoch eine höhere Alterfreigabe erhalten musste, da man sich innerhalb der großen Altersspanne von 6-12 Jahren verständlicher Weise an die kognitiv weniger ausgebildeten und emotional stärker reagierenden jüngsten Kinder der Altersgruppe richten musste. (vgl. § 18 Absatz 4, Grundsätze der FSK 2005)

Eine versteckte Kritik an dem Zustand der immensen Altersspannen findet sich auch in den Kriterien wieder, wenn es dort heisst:

„Allerdings sind bei den 6- bis 11-jährigen beträchtliche Unterschiede in der Entwicklung zu berücksichtigen. Etwa mit dem 9. Lebensjahr beginnen Kinder, fiktionale und reale Geschichten unterscheiden zu können. Eine distanzierende Wahrnehmung wird damit möglich. Bei jüngeren Kindern steht hingegen noch immer die emotionale, episodische Impression im Vordergrund..." (FSK-Broschüre 2004: S. 6)

Hier wird zumindest deutlich, dass die FSK mit der Alterspanne von 6 bis 12 Jahren nicht ganz zufrieden ist.

Für die Freigabe von Filmen muss ebenfalls beachtet werden, dass nach Art. 140 GG die Sonn- und Feiertage gesetzlich geschützt sind und besonderen Rechtsschutz die „stillen" Feiertage Karfreitag, Allerheiligen, Buß- und Bettag, Volkstrauertag und Totensonntag genießen. Dementsprechend werden Filme, „die dem Charakter dieser Feiertage so sehr widersprechen, dass eine Verletzung des religiösen und sittlichen Empfindens zu befürchten ist" (FSK- Broschüre 2004: S.7) für die „stillen" Feiertage nicht freigegeben.

Im Laufe der Arbeit werde ich auf die Kriterien und Maßstäbe der FSK immer wieder zurückkommen.

2.2.4. Die Prüfgremien

Die Prüfung von Filmen wird in verschiedenen Gremien organisiert. Zunächst im Arbeitsausschuss, der den Hauptteil der Filmprüfungen übernimmt. In diesem sind drei Prüfer aus der Film- und Videowirtschaft und vier von der öffentlichen Hand anwesend; ein Ständiger Vertreter der Obersten Landesjugendbehörde, ein turnusmäßig wechselnder Jugendschutzsachverständiger aus einem der 16 Bundesländer sowie zwei, ebenfalls im Turnus wechselnde Vertreter der gesellschaftlichen Gruppen, die in der Grundsatzkommission vertreten sind. Anhand dieser Zusammensetzung erkennt man schon das Bemühen seitens der FSK um eine pluralistische Zusammensetzung der Ausschüsse.

Dieser Arbeitsausschuss legt nach der Sichtung des zu prüfenden Films eine Altersfreigabe fest und hat die Möglichkeit diese Altersfreigabe auch mit Auflagen zu erteilen, z.B. das durch die Filmverleiher Schnitte durchgeführt werden müssen, wenn der Film die gewünschte Altersfreigabe erhalten soll. Die Antragssteller haben dann die Wahl, diesen Auflagen entweder Folge zu leisten, damit sie die Altersfreigabe behalten können, die nächsthöhere Freigabe zu akzeptieren oder in Berufung zu gehen, sodass der Film in den Hauptausschuss gelangt.

Im Hauptausschuss, der als Berufungsinstanz tätig ist, sind neun Prüfer anwesend (der Vorsitzende, drei Mitglieder von der Film- oder Videowirtschaft, vier Mitglieder der öffentlichen Hand und ein Sachverständiger für den Jugendschutz) von denen keiner an der Entscheidung der Vorinstanz beteiligt war. Dieser Ausschuss überprüft die durch den Arbeitsausschuss festgelegte Altersfreigabe und stimmt dieser entweder zu oder legt eine neue Freigabe fest. Bei einer Berufung des Antragstellers darf jedoch die angefochtene Entscheidung nicht zu dessen Nachteil korrigiert werden.

Als letzte Instanz gibt es den Appellationsausschuss, die Revisionsinstanz der FSK. Dieser setzt sich aus einem Vorsitzenden, der die Befähigung zum Richteramt oder zum höheren Verwaltungsdienst hat, zwei Sachverständigen für den Jugendschutz und vier von den Obersten Landesjugendbehörden berufenen Vertretern zusammen, denn jedem Bundesland steht das Recht auf Appellation zu. Die getroffenen Entscheidungen in diesem Ausschuss haben dann abschließende Geltung. (vgl. FSK-Broschüre 2004: S. 9)

Außerdem existieren Sonderausschüsse (verkleinerte Ausschüsse). Diese Ausschüsse befassen sich mit Filmen und Bildträgern, die nicht den Spielfilmen zuzurechnen sind, so z.B. Dokumentarfilme, Kurzfilme etc. Auch Filme, welche bereits im Fernsehen ausgestrahlt worden sind oder nach 15 Jahren erneut geprüft werden müssen, durchlaufen diese Gremien. Sie sind besetzt durch je einen Delegierten der öffentlichen Hand, der Film- und Videowirtschaft sowie dem Ständigen Vertreter der Obersten Landesjugendbehörden. Hierbei ist es wichtig zu beachten, dass über eine Freigabe nur einstimmig beschlossen werden kann. Ist dies nicht der Fall, so entscheidet die nächst höhere Instanz, in diesem Falle der Arbeitsausschuss.

In der täglichen Praxis arbeiten dann jeweils drei Ausschüsse parallel.

Über 190 Prüfer sind ehrenamtlich für die FSK tätig. Sie werden von den Verbänden der Film- und Videowirtschaft und der öffentlichen Hand für eine Dauer von drei Jahren ernannt und müssen Erfahrung im Umgang mit Kindern oder Jugendlichen haben oder über entsprechendes Fachwissen in den Fachbereichen Psychologie oder Medienwissenschaft verfügen. Die Prüfer dürfen zudem nicht selbst in der Film- oder Videowirtschaft beschäftigt sein, um eine Beeinflussung der Entscheidungen durch die Industrie zu vermeiden. Bei der

Ernennung von Prüfern wird daher darauf geachtet, dass sie aus den unterschiedlichsten Berufsfeldern und gesellschaftlichen Schichten kommen.

Die Arbeitsausschüsse und Sonderausschüsse fungieren als erste Instanz und jeder bei der FSK eingereichte Film wird zunächst dort geprüft.

Der entsprechende Ausschuss schaut sich zunächst den zur Prüfung vorliegenden Film, Werbeclip oder Kino-Trailer in voller Länge an, um anschließend anhand der aufgestellten Kriterien darüber zu diskutieren, für welches Alter dieser Film freizugeben ist. „Ausgangspunkt der Arbeit der Prüfausschüsse ist die Überlegung, wie welche Medien, warum, auf welche Jugendliche wirken [...] Folgende Fragen bestimmen die Diskussion: Welche Inhalte transportiert das Medium? In welcher Form werden diese Inhalte dargeboten? Daraus folgt: Welche Wirkung übt der Film -vermutlich- auf den Zuschauer aus?" (Hönge, 2004: S. 2)

Dabei kann jeder Prüfer ein Statement zu dem Gesehenen abgeben. Anschließend verfasst der Vorsitzende einen Vorschlag für eine Freigabe und mit einfacher Mehrheitsabstimmung (in den Sonderausschüssen einstimmige Abstimmung) wird der Altersfreigabe zugestimmt oder sie wird abgelehnt, was weitere Diskussionen nach sich zieht, bis eine Altersfreigabe per einfacher Mehrheit beschlossen werden kann.

2.2.5. Die Spruchpraxis der FSK bei Gewaltdarstellungen in Filmen

Das Hauptaugenmerk liegt bei den Prüfungen auf Gewaltdarstellungen[3], da von allen in Frage kommenden Prüffeldern das der Gewaltdarstellungen gegenwärtig in den zu prüfenden Darstellungen besonders intensiv besetzt ist und deshalb die Aufmerksamkeit der Öffentlichkeit sich besonders intensiv auf dieses Prüffeld richtet. Somit ist für die Gremien der FSK innerhalb dieser kontrovers geführten Gewaltwirkungsdebatte ganz wichtig, dass man die Wirkung von Filmen nicht an einzelnen Szenen, in denen Gewalt dargestellt wird, festmacht, sondern im Mittelpunkt der Diskussionen immer die Gesamtwirkung und der Gesamteindruck

---

[3] gemeint ist physische, psychische und strukturelle Gewalt. Auf diese Differenzierung komme ich im nächsten Kapitel.

des Filmes mit einer formulierten Wirkungsvermutung steht. Diese Bestimmung wird in den Grundsätzen deutlich, wenn es dort heißt:

„Maßgeblich für die Beurteilung ist die Wirkung des gesamten Films oder Trägermediums oder deren einzelner Teile. Bei einzelnen Teilen ist auch die Gesamtwirkung zu berücksichtigen." (§ 2 Abs. 3, Grundsätze der FSK 2005)

Diese Bestimmung wird in § 18 Abs.2 der Grundsätze bei der Freigabe für Kinder und Jugendliche noch einmal bekräftigt:

„Zu berücksichtigen sind alle Beeinträchtigungen, die vom Film oder Trägermedium im Ganzen oder in ihren Einzelheiten ausgehen können, wobei die Gesamtwirkung nicht außer Acht zu lassen ist." (§18 Abs. 2 GG)

Natürlich sind die einzelnen Darstellungen von Gewalt immer kritisch zu betrachten, jedoch werden sie im Gesamtkontext gesehen. So kann durchaus ein Film, indem relativ drastische Gewalt gezeigt wird eine Jugendfreigabe erhalten, wenn diese „Darstellung von Gewalt glaubhaft in eine Handlung eingebunden [ist], die die Darstellung von Gewalt problematisiert und den Zuschauer letztlich gegen diese Gewalt einnimmt." (Hönge 1998: S. 58)

Hierbei wäre dann, laut Folker Hönge, Ständiger Vertreter der Obersten Landesjugendbehörden der FSK, weiter zu prüfen, ob beispielsweise „Zwölfjährige in der Lage sind, die Relativierung der dargestellten Gewalt im Gesamtkontext nachzuvollziehen." (Hönge 1998: S. 58) Entscheidenden Einfluss hat hierbei die Dramaturgie, der Rhythmus (Szenen-, Kamera-, Montage- und Musik-Gestaltung) eines Films, und der Wechsel zwischen an- und entspannenden Momenten, die Glaubwürdigkeit der Darsteller und die Filmhandlung.

Hierbei wird deutlich, dass die FSK bemüht ist, bei ihren Prüfungen stets den Gesamtkontext des Filmes zu betrachten. Hinzu kommt, dass die Prüfer der FSK immer von einem Wirkungsrisiko ausgehen, nicht aber von einer unbedingten Gefahr, die von Filmen ausgeht.

Bei einer Einstufung ab 12 Jahren wird darauf geachtet, dass keine Übererregung stattfindet, d.h. wenn Filme in steigerndem Maße einen Suspense aufbauen und dieser am Ende des Films nicht positiv aufgelöst wird, so kann dieses für Zwölfjährige ein Problem sein, denn „man kann Zwölfjährigen nicht so viel zumuten wie Erwachsenen, obwohl sie natürlich auf der anderen Seite schon über

25

sehr viel Medienerfahrung verfügen. Aber sie verfügen über sehr wenig Lebenserfahrung, und das muß bei der Freigabe berücksichtigt werden." (Hönge 1998: S. 65)

Hönge vertritt ebenfalls die Ansicht, dass die Realitätsnähe bei Jugendlichen eine entscheidende Rolle spielt, denn „wenn die im Film dargestellte Situation mit der Realität von Zwölfjährigen übereinstimmt ist die Gefahr groß, dass unter Umständen Irritationen, die durch die Filmhandlung vermittelt werden, weniger gut verarbeitet werden können, als wenn die Story eindeutig fiktiv eingeordnet wird." (Hönge 1998: S. 65)

Gerade der Punkt der „Realitätsnähe" wird anhand der in den letzten Jahren in die Kinos gekommenen Blockbuster „Harry Potter"(USA, 2001, 2002, 2004, Regie: Chris Columbus, Alfonso Cuarón) oder „Der Herr der Ringe" (USA, 2002, Regie: Peter Jackson) in der Öffentlichkeit immer wieder kontrovers diskutiert. Denn in „'Herr der Ringe III' etwa gebe es sehr viel Schlachtgetümmel, trotzdem sei er ab 12 Jahren frei gegeben. Die Kinder könnten einschätzen, dass es sich dabei um ein Märchen handle." (Britta Schmeis in Augsburger Allgemeine Zeitung vom 10.12.2004, S. 23)

Hier zeigt sich, dass den Kindern durch die FSK ein hohes Maß an Medienkompetenz zugesprochen wird und Gewaltdarstellungen in ihrer Wirkung weniger drastisch und nachhaltiger wirken, wenn der Film klar einem fiktionalen Genre zugeordnet werden kann. Im weiteren Verlauf gilt es zu prüfen, ab welchem Alter Kinder diese Unterscheidung zwischen fiktionalen und realitätsbezogenen Inhalten tatsächlich leisten können, und ob die bestehenden Altersfreigaben, auch hinsichtlich der sich veränderten Filmformate und Filminhalte, noch greifen. Dominieren jedoch die Gewaltdarstellungen den Gesamteindruck des Filmes, so kann das für eine Jugendfreigabe jedoch problematisch sein.[4]

Bei einer Altersfreigabe ab sechs Jahren spielen die Punkte der Übererregung, die positive Auflösung und die Realitätsnähe in der Prüfpraxis der FSK noch eine bedeutendere Rolle.

---

[4] siehe z.B. die Comicverfilmung „Sin City" USA, 2005, Regie: Robert Rodriguez

Hierbei muss in einem verstärkten Maße darauf geachtet werden, dass die Gewaltdarstellungen quantitativ wenige im Film bleiben und auf diese eine unmittelbare positive Auflösung folgt. Denn vor allem im Kino müssen Kinder die Möglichkeit haben „sich gerade nach stark emotionalisierenden oder verängstigenden Szenen aus der Handlung auszuklinken, um dann später wieder in die Handlung einzusteigen." (Hönge 1998: S. 67)

Kinder dieser Altersspanne, so Hönge, „lieben Geschichten, in denen ein Schwacher im Laufe des Films stark wird." (Hönge 1998: S. 66) Sie können sich mit solchen schwachen Figuren und Situationen, in denen man hilflos ist, sehr gut identifizieren und sie interessieren sich für die Emanzipation des Helden, „weil sie damit ein Stück des Erwachsenseins vorwegnehmen." (Ebd.) Dabei muss jedoch immer wieder beachtet werden, dass einzelne Szenen, in denen Gewalt vorkommt, von 6-jährigen Kindern nur schwer bis gar nicht zu verkraften sind, da sie auch oft nicht in der Lage sind, diese einzelnen Szenen in den Gesamtkontext des Films einzuordnen. Demzufolge gebe es, laut Hönge, immer wieder Filme, die für Acht- oder Zehnjährige durchaus verkraftbar seien, aber bei 6-jährigen erhebliche Ängste hervorrufen können. (vgl. Hönge 1998: S. 65 f.)[5]

An dieser Stelle lässt sich ein Widerspruch in der Argumentation der FSK erkennen. Denn bei den ersten beiden Harry Potter-Filmen, auf die im folgenden Kapitel noch näher eingegangen wird, sprach man den Kindern auf der einen Seite die Kompetenz zu, die einzelnen Szenen, in denen Gewalt vorkam, in den Gesamtkontext des Films einzuordnen, da die positiven Elemente im Film überwiegen würden (vgl. Goehlnich, 2003: S. 3), jedoch ist dieses laut der Infobroschüre der FSK allgemein für 6-jährige auf der anderen Seite nicht möglich.

Bci einer Freigabe „ohne Altersbeschränkung" bedarf es in der Regel ähnlichen Kriterien wie für eine Freigabe „ab 6 Jahren", nur muss dabei noch gründlicher darauf geachtet werden, „daß der Film keine allzu belastenden Szenen enthält, die das Kind nicht versteht oder [,gerade bei Gewaltdarstellungen,] aufarbeiten kann." (Hönge 1998: S. 68)

---

[5] siehe z.B.: „Kevin – allein zu Haus" (USA, 1990, Regie Chris Columbus) , „Power Rangers" (USA, 1995, Regie: Bryan Spicer).

Unter dem Gesichtspunkt der Gewaltdarstellung in Filmen wird ferner in den Prüfungen berücksichtigt - vorwiegend für die Alterseinstufung „ab 16 Jahren" oder „keine Jugendfreigabe" - ob der Film Gewalt einerseits als alleiniges Mittel zur Konfliktlösung sieht oder ob Gewalt nur in Situationen der Notwehr angewendet wird und andererseits, ob die Gewaltszenen „unkommentiert als Mittel des Nervenkitzels, also zu Unterhaltungszwecken" (Hönge 1998: S. 59) eingesetzt werden oder durch die Handlung des Films an bestimmten Stellen „gerechtfertigt" sind. Wobei hier zu fragen wäre, ob es überhaupt eine Art statthafte Gewalt gibt. Hoffmann spricht in diesem Sinne von einer „moralischen Rechtfertigung der Gewalt im Film." (Hoffmann, 2003: S. 207)

Auch wird bei der FSK in einem erheblichen Maße darauf geachtet, ob der Zuschauer im Film mit den Opfern oder mit den Tätern sympathisiert; nehmen beispielsweise die Zuschauer bei Gewaltszenen die Perspektive des Opfers und seines Leidens ein, oder fällt eine Identifikation mit den Allmachtsgefühlen des Täters leichter. (vgl. Hönge 1998: S. 59)

In diesem Zusammenhang befinden sich unter sehr strengen Blicken der Prüfer all jene Filme, meistens aus dem Action- Genre, in dem der Hauptdarsteller aufgrund eines Verlustes von z.B. Familienangehörigen durch „Verbrecher" das Gesetz selbst in die Hand nimmt und auf dem Weg der Selbstjustiz mit einem verqueren Gerechtigkeitsempfinden die Täter brutal tötet.[6]

Diese Art von Filmen sind laut den Grundsätzen der FSK für eine Jugendfreigabe weniger geeignet, da sie die Selbstjustiz verherrlichen und den Eindruck vermitteln, dass der Rechtsstaat und die staatlichen Institutionen nicht fähig sind, Recht und Ordnung herzustellen. Die Aktionen des Helden bleiben unreflektiert und gerade bei jungen Menschen ist das Gerechtigkeitsempfinden stark ausgeprägt und solche Art von Filmen könnten desillusionierend auf sie wirken. (vgl. Hönge 1998: S. 61.)

Dieser Argumentation ist in sofern zuzustimmen, dass die unreflektierte und gewaltvolle Darstellung von Selbstjustiz eine hohe Jugendfreigabe erhalten muss, wobei an dieser Stelle zu fragen wäre, ob nicht schon Jugendliche mit 16 Jahren

---

[6] siehe z.B.: „Ein Mann sieht rot" (USA, 1974, Regie: Michael Winner) oder „The Punisher" (USA, 2004, Regie: Jonathan Hensleigh).

den Plot eines solchen Films durchschauen und diesen richtigerweise in das Genre des fiktionalen Action- bzw. Unterhaltungsfilm einordnen können, ohne dass sie dabei bewusst oder unbewusst Bezüge zu ihrem eigenen Leben herstellen. (vgl. Mikos, 1995: S. 166 f.)

Ebenfalls entscheidend bei der Findung einer entsprechenden Altersfreigabe ist für die Prüfer der FSK die realistische Darstellung von Gewalt. Hierzu Folker Hönge:

„So kann ein Kampf zwischen Vampiren oder Monstern durchaus gewalttätig sein, dennoch wird sich der Zuschauer, jedenfalls der über Sechzehnjährige, darüber im Klaren sein, daß es sich hier um Fiktion handelt. Wird die Szene allerdings mit aufwendigen, sehr realistisch wirkenden special-effects gestaltet und wirken die Schauspieler in ihren Rollen echt, so fällt eine Distanzierung zum Geschehen erheblich schwerer" (Hönge 1998: S. 59), welches die höchste Alterseinstufung zur Folge hätte.[7]

An dieser Stelle muss man sich zudem fragen, ob nicht durch aufwendige special-effects und der guten, realistischen Wirkung der Schauspieler, der Sechzehnjährige den Film richtig einordnen kann, ohne die Distanz zu verlieren. (vgl. Mikos, 2002: S. 69)

In den FSK-Grundsätzen existiert zudem der Begriff der „gefährdungsgeneigten Jugendlichen". Mit dieser Bezeichnung soll in der Spruchpraxis verdeutlicht werden, dass „nicht alle Zwölf- oder Sechzehnjährigen in ihrer Entwicklung gleich weit sind" (Hönge 1998: S. 59) und sowohl intellektuelle, als auch gravierende emotionale Unterschiede bei den Jugendlichen vorherrschen. So wird ein 15-jähriger, der einen Film, indem viel Gewalt vorkommt, zusammen mit seinen Eltern schaut und in einer werteorientierten Umwelt groß geworden ist, das Gesehene ganz anders aufnehmen, als beispielsweise ein 15-jähriger, dessen Eltern sich um seinen Medienkonsum keine Gedanken machen und er aufgrund einer misslungenen Sozialisation Gewalt in seiner Umwelt als Konfliktlösung unmittelbar selbst erfahren hat und als Selbstverständlichkeit ansieht.

---

[7] siehe z.B. „Blade" (USA, 1998, Regie: Stephen Norrington) in der Originalversion.

Auf diese „gefährdungsgeneigten Kinder und Jugendlichen" – im Folgenden klassifizieren wir sie als „Problemgruppen"[8] – muss im Besonderen, gerade bei dem Vorschlag möglicher Differenzierungen der Altersfreigaben, geachtet werden.

Diese Umstände sind für die Alterseinstufungen ebenfalls von großer Bedeutung.

2.3. Die Kriterien und Maßstäbe der FSK in der Diskussion

Gerade das zuletzt genannte Problem, in den Prüfungen die unterschiedlichen Entwicklungsstände einer Altersstufe mit zu berücksichtigen, führte oftmals innerhalb der FSK wie auch in der Öffentlichkeit zu massiven Diskussionen um die Altersfreigaben. Den einen erscheint eine Freigabe zu liberal, den anderen zu streng. Auf der einen Seite erntete die FSK harsche Kritik z.B. seitens der Eltern, die für einen Kinderfilm eine höhere Freigabe forderten und auf der anderen Seite musste sich die FSK mit dem Vorwurf, sie sei nur eine „Änderungsschneiderei" oder „Zensurbehörde" (vgl. Brunner, 2003) auseinandersetzen. Denn „seit der Gründung der FSK ist diese Institution umstritten geblieben und zwar einmal, was ihre grundsätzliche Legitimation anbelangt, aber auch hinsichtlich der Prüfentscheide." (Fischer, 1993: S. 316)

Insbesondere die „neuen Märchen", wie die Filme um Harry Potter bzw. Frodo Beutlin oder Darth Vader sorgten für viel „Gesprächsstoff" in Deutschland und damit auch innerhalb der FSK.

2.3.1. Wirkungsdiskussion am Beispiel der Harry Potter- Filme

Wenige Filme dieser Zeit haben für soviel Debatten hinsichtlich ihrer Wirkung auf Kinder gesorgt, wie die hoch geschätzten und stark kritisierten Harry-Potter-Verfilmungen.

In der ersten Potter-Verfilmung „Der Stein der Weisen" stand einerseits noch die totale Vermarktung des Produktes „Harry Potter" im Mittelpunkt der Kritik,

---

[8] gemeint sind damit durch hohe Aggressivität und soziale Isolation charakterisierte männliche Jugendliche, stammend aus einer violenten Subkultur. (vgl. Kunczik, 2000: S. 208 ff.)

„denn unter dem Namen ‚Harry Potter' kann man [...] so ziemlich alles unter die Leute bringen: Kinokarten, Andenken aus Plastik und Ansichten aus dem Mittelalter" (Wolf, 2001: S. 234). Andererseits hielten einige Kritiker es für geboten, so z.B. einer der größten britischen Pädagogen-Verbände, die „Association of Teachers and Lecturers (ATL), „öffentlich vor den Gefahren einer neuen jugendlichen Begeisterung für Zauberwesen und Hexerei zu warnen" (Jenny, 2001). So auch der CSU-Bundestagsabgeordnete Benno Zierer, der, besorgt um die ‚religiös nicht gefestigte' Zielgruppe, dafür plädierte „den Film in Deutschland vorerst nicht zu zeigen[, denn] ‚für Sechsjährige'[...sei] so viel Okkultismus gefährlich'" (Wolf, 2001: S. 236).

Auch Papst Benedikt XVI. sieht in den Büchern und Verfilmungen um Harry Potter eine mächtige verführerische Gefahr. So schrieb er an die Potter-Kritikerin und Autorin Gabriele Kuby: „ ‚Es ist gut, daß Sie in Sachen Harry Potter aufklären, denn dies sind subtile Verführungen, die unmerklich und gerade dadurch tief wirken, und das Christentum in der Seele zersetzen, ehe es überhaupt recht wachsen konnte.'" (Artikel: „Er verdammt Harry Potter" in: Berliner Zeitung vom 14.07.2005, S. 31)

Diese Argumentation ist insofern nicht haltbar, als dass in den Filmen, wie in den Büchern um Harry Potter nicht das „Böse" glorifizierend dargestellt wird, sondern der „Held" Harry mit seinen Freunden sich diesem „bösen Zauber" stellt und zunächst auch besiegt.

Harry Potter mit seinen durchweg positiven Charaktereigenschaften dient zudem noch als positive Identifikationsfigur für viele Kinder. Denn Kinder identifizieren sich nicht mit dem okkulten Setting, welches nur den Rahmen der Erzählung bietet, sondern mit den Hauptfiguren. (vgl. Sistermann, 1996: S. 12)

Zu einer ähnlichen Ansicht gelangt auch Dr. Ulrich Dehn, der seitens der Evangelischen Kirche folgendermaßen argumentierte:

„„Nein - schwarze Magie ist auch in Harry`s Zauberschule verboten. Die Kinder identifizieren sich nicht mit dem Bösen, sondern mit Harry. Er ist fair, ein Held, der für das Gute kämpft." (Dr. Ulrich Dehn, Evangelische Kirche in: Goehlnich, 2002)

Im zweiten Harry-Potter-Film „Die Kammer des Schreckens" sorgten hingegen vielmehr die anscheinend düstere Inszenierung für Diskussionen und vielfach konnte man aufgrund der spannenden und gewalttätigen Elemente die FSK-Einstufung „ab sechs Jahren" nicht nachvollziehen, aber der „Medienhype erreichte dennoch nicht die Hysterie-Werte des Vorjahres. Fast schon routiniert (entspannten) sich die üblichen Präliminarien, die darin gipfelten, dass die ‚Kammer des Schreckens' [...] eine Freigabe ab sechs Jahren erhielt, wofür die arme alte FSK mal wieder mächtig Prügel beziehen musste." (Borcholte, 2002, S.1)

Die FSK argumentierte folgendermaßen:

> „Der Arbeitsausschuss charakterisierte „Harry Potter" als phantasievollen Märchenfilm, der in Inhalt und Gestaltung kindgerecht inszeniert ist. Die erzählte Geschichte ist nachvollziehbar und in ihrer chronologischen Anlage bereits verständlich für Kinder ab 6 Jahren. Die Figurenzeichnung ist gründlich und überzeugend. Insbesondere die drei Kinderdarsteller bieten sich kindlichen Zuschauern zur Identifikation an. [...]. Die Musik unterstützt die filmische Erzählung, indem sie Spannung, Action und Bedrohung ankündigt wie auch in ruhige Dialogpassagen überleitet. Die Botschaft des Films ist eindeutig und verständlich: Freundschaft und Solidarität. Der Film ist von Beginn an so angelegt, dass die Geschichte gut ausgehen wird. [...] Das Zaubern in diesem Film kann als klassisches Märchenmotiv, wie es in Kinderbüchern thematisiert wird, eingeordnet werden. Der Film wendet sich laut Ausschuss deutlich von der schwarzen Magie ab. Ausführlich beurteilte der Ausschuss die Inszenierung von Bedrohung, Action und Kampf. [...] Die im Moment des Sehens erregenden Filmabschnitte dominieren zudem nicht die Gesamtwirkung des Films; sie sind vielmehr eingebettet in den Erzählkontext des Märchens. Von daher sprach der Ausschuss eine Freigabe ab 6 Jahren aus." (Birgit Goehlnich, 2003: S. 3)

Letztendlich wurden von einer Vielzahl von Filmanalysten, Jugendschutzbeauftragten und Pädagogen den bisherigen zwei Harry Potter-Verfilmungen ebenfalls eine „freundlich verniedlichende Herzenswärme, eine unwiderstehliche Märchenhaftigkeit" (Jenny, 2001) attestiert, welche Kinder und

Jugendliche durchschauen würden, denn gegen „das Märchen, die Fantasiepforte zwischen der Kindheit und dem Erwachsenen, kann man nicht argumentieren [...] Die Metabotschaft der digital verschärften Supermärchen des Kinos bedeutet uns den Frieden zwischen Kindertraum, Technologie und Ökonomie. So etwas brauchen wir..." (Seeßlen, 2002, S. 1). Außerdem gäbe es im „Frühabendprogramm bei RTL und ProSieben [...] bekanntlich oft Grausameres zu sehen, als riesige Spinnen und Schlangen" (Borcholte, 2002, S. 2).

Zudem wurde im zweiten Potter-Film noch nachgebessert, sodass „Die Kammer des Schreckens" erst im Hauptausschuss eine Freigabe ab 6 Jahren erhielt.

„Im Fall ‚Potter' war es insbesondere die peitschende Weide, welche bei Kindern Angst auslösen konnte; Warner entschärfte die Szene und hatte seine Wunschfreigabe ab sechs." (Rodek, 2004)

Bei dieser Argumentation wird deutlich, dass die „Märchenhaftigkeit" der ersten beiden Potter-Filme, aufgrund derer die Kinder Distanz zwischen sich und dem Gezeigten herstellen können, ausschlaggebend dafür ist, dass auch einzelne ängstigende Szenen durchaus für Kinder zumutbar sind, da sie zum einen relativ schnell positiv aufgelöst werden, den Film nicht dominieren und zum anderen die charakterstarken Hauptfiguren sich durch innige Freundschaft und Solidarität untereinander erfolgreich den Gefahren stellen. Obwohl auch im zweiten Harry-Potter-Film der Gesamtkontext und die Einordnung des Films ins Fiktionale und damit die Enttarnung der Potter-Filme als „Märchen" jedoch erst etwa, laut der FSK, mit dem 9. Lebensjahr stattfinden kann. (vgl. FSK-Broschüre 2004: S. 6)

Der dritte sowie der vierte Teil der Potter-Filme, welche aufgrund der zu stark ängstigenden, brutalen und spannenden Szenen jeweils eine Freigabe ab 12 Jahren erhielten, hat auf der anderen Seite viele Kinder aufgebracht. Jedoch selbst diese durften in Begleitung eines Erziehungsberechtigten nach der neuen PG-Regelung in den Film.

Wobei die Zeitschrift CINEMA zum vierten Harry Potter- Teil bemerkte, dass die lebensgefährlichen Prüfungen, die Harry Potter überstehen muss „zum Teil so drastisch gezeigt [werden], dass Kinder in diesem Film rein gar nichts verloren haben."(http://cinema.msn.de/film_aktuell/filmdetail/film/?typ=inhalt&film_id=5 43597 ZUGRIFF: 11.01.06)

Jedoch waren die großen Befürchtungen und die öffentlichen Diskussionen nur von kurzer Dauer.

Nichts desto trotz offenbart sich an dieser Stelle ein schon in dieser Arbeit erwähntes Problem, denn auch bei allen Harry Potter-Verfilmungen hätten die Prüfer der FSK mit besserem Gewissen eine Altersstufe *zwischen* 6 und 12 Jahren ausgesprochen, wenn es diese gegeben hätte. Und auch die besorgten Eltern, Medienpädagogen und Journalisten wären wahrscheinlich nicht so aufgebracht gewesen.

„Die über uns schwappende Potter-Manie ist ein guter Anlass, neu darüber nachzudenken, was wir unseren Kindern zumuten, im Kino und darüber hinaus. Entwicklungspsychologisch ist die Zeit zwischen dem sechsten und zehnten Lebensjahr ein kritisches Stadium. Ab acht sind die meisten Kinder in der Lage, Kino als Fiktion zu erkennen; bis zehn empfinden sie Filme als Addition von Einzelszenen; erst dann können sie Zusammenhänge nachvollziehen. Auf diese Differenzierungen nehmen die Freigaben der FSK keinerlei Rücksicht. Entweder wird ein Film für alle Kinder freigegeben, oder ab sechs oder ab zwölf Jahren. Das handhaben viele europäische Nachbarn inzwischen flexibler." (Rodek, 2002)

2.3.2. Die FSK in der Öffentlichkeit - Ein verändertes Wertebewusstsein

Am Donnerstag, den 9.12.2004 prüfte die FSK mit dem Film „Sophie Scholl – Die letzten Tage" von Marc Rothemunds ihren 100.000. Film. In der Beurteilungspraxis dieser großen Anzahl von Filmen hat sich auch in den Jahren das Wertebewusstsein verändert. In den 50er und 60er Jahren wurden noch eine Menge politischer Aussagen und Freizügigkeiten von der FSK weniger bis gar nicht toleriert und entsprechende Filme mussten oftmals nachträglich "zurecht geschnitten" werden.

„In den ersten fünf Jahren ihres Wirkens hat die FSK 613 Filme geschnitten oder gar nicht erst frei gegeben, immerhin 17 Prozent ihres Gesamtkontingents" (Gangloff, 2004: S. 18).

So wurden beispielsweise aus Filmen wie „Casablanca" oder Vittorio de Sicas Film „Die Eingeschlossenen" von 1962 sämtliche Bezüge zum Nationalsozialismus nachträglich entfernt. Viele Kritiker sahen und sehen dies heute immer noch als grobe Verfälschungen der Filme an.

Oder Robert Rossellinis Film: „Rom, die offene Stadt" erhielt 1950 überhaupt keine Freigabe „mit der Begründung, der Streifen gefährde die deutsch-italienischen Beziehungen" (Jehne, 2004), was sich im Laufe der Jahre als falsches Urteil herausstellte.

Erotische oder anzügliche Darstellungen, zum Beispiel in den Filmen „Die Sünderin" mit Hildegart Knef von 1950 oder „Das Schweigen" mit Ingmar Bergmann von 1963, in denen für damalige Verhältnisse sehr freizügige Bilder von Sexualität zu sehen waren, wurden von der FSK ebenfalls sehr kritisch betrachtet und erhielten häufig keine oder eine sehr eingeschränkte Freigabe.

Aber gerade „in Sachen Erotik sei die Freigabepraxis viel liberaler geworden. Auf Gewaltdarstellungen reagieren die Prüfer [jedoch] unverändert kritisch." (Gangloff, 2004: S. 18)

Vor allem Ende der 60er Jahre, Anfang der 70er Jahre durchzog die Gesellschaft ein Bewusstseinswandel, nicht zuletzt aufgrund der Studentenbewegungen der 68er Generation, welche mitunter diesen Wandel mit in Gang setzten.

„Der Trend zur sexuellen Liberalisierung wurde zunächst in den Printmedien deutlich, etwas später erreichte sie auch den Film und damit die FSK. Erste Sexfilme entstanden, die mehr zeigten, als in den 50er Jahren denkbar gewesen wäre. Oswald Kolle gab in seinen „Aufklärungsfilmen" deutliche Hinweise zur Steigerung der sexuellen Lust [...] Die von Alois Brummer produzierten Sexfilme waren da schon deutlicher. Anfang der 70er Jahre kamen als Reportage getarnte Sexfilme (*Schulmädchenreport, Krankenschwesternreport* etc.) hinzu." (Gottberg 1999: S. 10)

Auch die politische Zensurarbeit fand Ende der sechziger Jahre durch den gesellschaftlichen Klimawechsel ein Ende. „Nun war der bundesdeutsche Filmmarkt auch offen für Werke, die bislang als sogenannte kommunistische Propaganda überhaupt keine Chance hatten. Seither widmet sich die FSK nur noch dem Jugendschutz." (Gangloff, 2004: S. 18)

Wie allerdings von Tilmann P. Gangloff bereits erwähnt, bleiben die Prüfer der FSK und gerade die Öffentlichkeit bei Gewaltdarstellungen in Filmen bis heute unverändert kritisch.

„ ‚Heute sind es nur noch selten Sexfilme, die uns bewegen, einen Film nicht für Jugendliche freizugeben' sagt der ständige Vertreter der obersten Landesjugendbehörden bei der FSK, Folker Hönge. Stattdessen stehe immer häufiger die Gewalt im Blickpunkt, etwa bei ‚Kill Bill', ‚Hannibal' oder ‚Fight Club'" (Schmeis, 2004)

So kommt es oft vor, dass Gewaltdarstellungen in Filmen so sehr umstritten sind, dass einige Filme im Appellationsverfahren landen, wo mit neuen Prüfern neu entschieden wird. „Bei immerhin einem Drittel aller Fälle führt der Einspruch zum Erfolg: ‚Troja' etwa rutschte von 16 auf zwölf Jahre, auch ‚Tomb Raider' schaffte es Dank seiner positiv besetzten Heldin noch auf die zwölf." (van Versendaal, 2004)

Ebenfalls kann es passieren, dass der Druck der Öffentlichkeit so groß ist, dass ein Film nachträglich hochgestuft wird. So geschehen beim Film „Sleepy Hollow".

„Der Horrorschocker wurde nach der Premiere und Protesten wegen einer Köpfungsszene von zwölf auf 16 gehievt." (A.a.O.)

Überdies hätten fundamentalistische Christen beispielshalber Martin Scorseses Film „Letzte Versuchung Christi" oder die „Passion Christi" von Mel Gibson, welche beide eine Freigabe ab 16 erhielten, am liebsten auf dem „Index" gesehen.

An dieser Stelle wird deutlich, dass verschiedene Interessensgruppen die Filme auch ganz unterschiedlich wahrnehmen, jedoch die FSK die Filme ausschließlich unter jugendschutzrelevanten Aspekten betrachtet.

Auch die neue PG-Regelung wird in der Öffentlichkeit nicht immer mit offenen Armen begrüßt. So bemerkt beispielsweise der STERN in einem Artikel über die FSK und die von ihr eingeführte PG-Regelung:

„Die Folge: Siebenjährige dürfen in ‚Troja' (ab zwölf) zuschauen, wie Achill den Hector minutenlang zu Tode metzelt, wie in ‚Herr der Ringe' Orks geköpft werden, sie dürfen miterleben, wie Dementoren und Werwölfe nicht nur ‚Harry Potter', sondern auch den reifen Jahrgängen im Publikum Muffensausen bereiten." (van Versendaal, 2004)

Andererseits versucht die FSK mit dieser Regelung den Eltern auch mehr Verantwortung zu geben, sie traut den Kindern mehr zu und glaubt daran, dass Kino Mut vermitteln kann, auch wenn mal eine ängstigende Szene überstanden werden muss. (vgl. A.a.O.)

Es gibt auch äußerst kritische Stimmen, welche die Spruchpraxis der FSK als inkonsequent ansehen und diese als „faulen Kompromiss zwischen Schützen und Bevormunden" beschreiben (Pflaum, 2004). Diesbezüglich kritisieren sie vordergründlich die „unbefriedigende Schnippelpraxis", welche laut H.G. Pflaum zudem noch den aus seiner Sicht falschen Ansatz verfolge. Denn „erlittene, schmerzhaft gezeigte Gewalt (sei) oft verdächtiger als die ausgeübte. Nicht am Täter (werde) geschnippelt, sondern am Opfer. Gerade damit (mache) man die Gewalt konsumierbarer." (A.a.O.)

An dieser Stelle muss man jedoch anmerken, dass die Anzahl der Filme, welche von der FSK Schnittauflagen erhielten, verschwindend gering ist.

„Sind im Jahr 1989 noch 6,6 % der eingereichten Kinofilme von der FSK unter Schnittauflagen freigegeben worden, liegt die Anzahl dieser Spielfilme heute bei unter 1 %!" (Hönge, 2002)

Auch kann seitens der Kritiker der Vorwurf einer „Zensurbehörde" nicht ganz von der Hand gewiesen werden, wie Johanne Noltenius bereits 1958 in ihrem Buch „Die Freiwillige Selbstkontrolle der Filmwirtschaft und das Zensurverbot des Grundgesetzes" anmerkte:

„Es kann nicht geleugnet werden, daß ein Teil der durch den Film vermittelten Inhalte höchst bedenkliche und für das öffentliche Leben unerwünschte Konsequenzen zeitigen *können* (Hervorhebung des Verf.). Solche Bedenken sind jedoch nicht geeignet, die Zulässigkeit der Zensur im Rahmen rechtsstaatlich-demokratischer Verfassungen rechtlich zu begründen. Überdies stellt die Zensur nicht einmal ein unbedingt taugliches Mittel dar, um den aus Meinungsäußerungen möglicherweise erwachsenden Gefahren zu begegnen." (Noltenius, 1958: S. 118)

Sehr einprägsam fasst auch Theodor W. Adorno seine Zweifel an der Institution FSK zusammen:

„Im Ernst die Zensur gegen die Skribenten anzurufen, hieße den Teufel mit dem Beezebub auszutreiben." (Adorno, 1955: S. 10)

Und lange Zeit war man sich angeblich über mögliche Wirkungsmöglichkeiten nicht bewusst, denn „wer diese ‚Wirkungen' wie messen sollte und welche Verhaltensweisen des Publikums überhaupt als ‚Wirkungen' eines Filmbesuchs einzuschätzen waren, blieb den in das Gremium entsandten Mitgliedern überlassen. Einer willkürlichen ‚Bewertungs'praxis war [...] Tür und Tor geöffnet." (Fischer/ Niemann/ Stodiek, 1996: S. 187-188)

Auf der anderen Seite überwiegen allerdings jene Stimmen, welche die Institution FSK und die darin enthaltenen Maßstäbe und Kriterien im Ganzen als sinnvoll und wichtig für die Durchsetzung des Jugendschutzes betrachten.

Man „findet doch immer wieder einen Konsens, mit dem scheinbar alle leben können. Und das, vom Jugendschutzgedanken her, offensichtlich sehr gut seit über einem halben Jahrhundert.

Und das „Mahnmal ‚Zensur' wird gern in Sachen Gewalt und Pornographie von interessierter Seite angebracht. Das Recht auf freie Meinungsäußerung und ungehinderter Information, die Aufhebung einer Vorzensur...all das sind Gewinne an freiheitlicher Demokratie. Aber gibt es in Sachen Gewalt und Pornographie nicht auch ein Recht, dererlei nicht sehen zu müssen?" (Hoffmann, 2003: S. 207.)

Ula Brunner, Fernsehjournalistin brachte in ihrem Artikel „Freiwillige Selbstkontrolle der Filmwirtschaft (FSK) - Verborgene Macht." die Diskussion trefflich auf den Punkt, indem sie sagte:

„'Über Sinn und Unsinn dieser Organisation streiten sich immer noch die Geister.' Für Volker Hönge ist der Auftrag der FSK klar: ,Kinder und Jugendliche haben Anspruch auf Schutz. Dafür sind wir da.'"(Brunner, 2003.)

Oftmals wurde auch in unterschiedlichen Artikeln, von Prüfern innerhalb der FSK, wie auch von Außenstehenden betont, dass durch eine Differenzierung der Altersfreigaben viele Entscheidungen mit einem besseren Gewissen seitens der Prüfer zustande gekommen wären und in der Öffentlichkeit für weniger Aufsehen gesorgt hätten.

Im Folgenden ein paar aussagekräftige Beispiele:

„Ich hätte gerne differenziertere Altersfreigaben gehabt, als die, die das Jugendschutzgesetz vorgibt [...] Da sind doch so riesige Sprünge, da passiert in der Entwicklung von Kindern doch so viel." (Thomas Münch, Vertreter der Katholischen Kirche im Prüfungsausschuss der FSK, 2004)

„Dabei ließe sich einiger Ärger schlichtweg vermeiden, wenn der Gesetzgeber die Stufen für die Altersempfehlungen an die Entwicklung der Kinder anpassen würde." (van Versendaal, 2004)

„...Ich halte daher eine genauere Differenzierung der Altersstufen für dringend geboten. Man sollte eine zusätzliche Stufe ab 8 oder 9 Jahren und vielleicht noch eine ab 14 Jahren einführen." (Dr. Klaus Schaefer, Geschäftsführer des FilmFernsehFonds Bayern, 2003, S. 73)

„Kommen wir noch einmal auf die Ausgangsfrage zurück: Wünschen Sie eine Änderung der Altersstufen? Ja. Vor allem eine zusätzliche Altersgrenze für die Neunjährigen wäre mir wichtig..." (Dr. Helga Theunert im Interview mit Joachim von Gottberg, tv diskurs 20/2002: S. 65)

Inwiefern Differenzierungen der Altersfreigaben tatsächlich aus medienpädagogischer und entwicklungspsychologischer Sicht notwendig sind, werde ich im dritten Kapitel erörtern.

2.4. Zusammenfassung

Im zweiten Kapitel wurde zunächst das Jugendschutzgesetz und dessen gesetzlichen Bestimmungen in Bezug auf die Medien kurz vorgestellt. Auf diesen gesetzlichen Grundlagen gründet sich die Freiwillige Selbstkontrolle der Filmwirtschaft (FSK), die im Verlauf des Kapitels von der Entstehung und Geschichte über die Veränderung der Maßstäbe, Prüfkriterien und Grundsätze, hin zur aktuellen Arbeitsweise und den gegenwärtigen Sichtweisen zur Beurteilung von Gewaltdarstellungen und deren Wirkung auf Kinder und Jugendliche dargestellt wurde.

Hierbei wurde deutlich, dass die FSK in ihren Prüfungen nicht nach einem festen Kriterienkatalog vorgeht, den Prüfern aber immerhin gewisse Leit- bzw. Grundsätze zur Orientierung dienen, jedoch die individuelle Entscheidung des Prüfers für oder gegen eine entsprechende Altersfreigabe dominiert.

Im Mittelpunkt der Beurteilung eines Filmes hinsichtlich ihrer Wirkung auf Kinder und Jugendliche stehen nicht einzelne diskussionswürdige Szenen, sondern der Gesamtkontext und die Gesamtwirkung eines Filmes.

Auch spielen politische Motive oder gesellschaftlich diskussionswürdige Kontexte in den Filmen kaum noch eine Rolle für die Altersfreigabe.

Um die Arbeitsweise der FSK im Laufe der Jahrzehnte und die wandelnden Diskussionsschwerpunkte besser zu verdeutlichen, sind in den einzelnen Unterkapiteln immer wieder Filmbeispiele angeführt worden, welche in der entsprechenden Epoche zu Auseinandersetzungen geführt haben. Zur Veranschaulichung der gegenwärtigen Werte- und Wirkungsdiskussion sind die Harry Potter- Filme und deren Wirkungen auf Kinder näher betrachtet worden.

Das erste Kapitel schloss mit einer Betrachtung des Verhältnisses der Öffentlichkeit zur FSK und mit der Darlegung eines gesellschaftlichen

Wertebewusstseinswandels in Deutschland, welcher Auswirkungen auf die Kriterien der FSK hatte.

Am Schluss der Ausführungen wird meines Erachtens deutlich, dass aufgrund der bisherigen Kenntnisse aus der vergangenen, wie gegenwärtigen Arbeit der FSK, eine neue Differenzierung der Altersfreigaben nicht mehr ausgeschlossen werden kann.

3. Befunde aus der Medienwirkungsforschung und der Entwicklungspsychologie

In diesem Kapitel sollen alte und neue Befunde aus der Medienwirkungsforschung und der Entwicklungspsychologie gezielt analysiert werden, um Rückschlüsse darauf ziehen zu können, ob aus der Sicht dieser beiden Disziplinen die gegebenen gesetzlichen Altersfreigabenstufen weiter Bestand haben oder durch neue, eventuell differenziertere Altersstufen, abgelöst werden sollten.

3.1. Theorien und Konzeptionen der Medienwirkungsforschung in Bezug auf Gewaltdarstellungen in Filmen

Es gibt wohl keinen Bereich der Medienwirkungsforschung, indem mehr Studien vorliegen, als in dem Bereich „Medien und Gewalt" und diesbezüglich, wie gewaltvolle Filme auf Kinder und Jugendliche wirken.

„Schätzungen gehen von inzwischen über 5000 Untersuchungen zu diesem Problem aus, wobei die Quantität der Veröffentlichungen jedoch wenig über die Qualität der Forschungsergebnisse aussagt." (Kunczik/ Zipfel, 2002: S. 29)

So findet sich in den Studien und Abhandlungen über Gewalt und Medien oftmals ein unklar definiertes Bild von dem Begriff „Gewalt", sodass häufig nicht genau erörtert werden kann, welche „Gewalt" in welchen Ausformungen überhaupt gemeint ist.

Ebenfalls sind die Ergebnisse der Medienwirkungsforschung sehr widersprüchlich (vgl. Vollbrecht, 2001: S. 156) und „es gibt wenig eindeutige und allgemeingültige Forschungsergebnisse über Wirkungen medialer Gewaltdarstellungen, aber ebenso wenig über Nicht-Wirkungen." (Hoffmann, 2003: S. 200)

Bei den Autoren ist auch mehrfach eine „Zwei Lager-Teilung" zu erkennen. So beschreibt das eine „Autorenlager" keinen Wirkungszusammenhang zwischen

Gewalt in den Medien und beispielsweise gewalttätiges Handeln von Kindern und Jugendlichen in der Realität und schreiben den Heranwachsenden eine hohe Verarbeitungskompetenz zu. Das andere „Autorenlager" sieht wiederum einen unbedingten Wirkungszusammenhang zwischen Gewalt in den Medien und gewalttätigem Handeln in der Realität und beschreibt oftmals sehr populistisch die Gefahren des Mediengewaltkonsums.

So gestaltet sich eine Betrachtung dieser Thematik als äußerst schwierig und muss mit großer Sorgfalt und genauer Auswahl betrieben werden, denn „die Komplexität der Forschungsbefunde und die Notwendigkeit einer differenzierten Betrachtung des Zusammenhangs zwischen Mediengewalt und realer Gewalt ist der Öffentlichkeit [...] nur schwer zu vermitteln. Nicht zuletzt dadurch, dass jeder täglich mit Massenmedien umgeht, bestehen in Bezug auf deren Wirkungen fest verankerte populärwissenschaftliche Vorstellungen, zu deren Verbreitung die Massenmedien selbst beitragen." (Kunczik/ Zipfel, 2002: S. 30)

Weiterführend warnen Kunczik und Zipfel berechtigterweise in ihrem Aufsatz vor einer Indoktrination popularwissenschaftlicher, jedoch fern jeder Seriösität befindlicher Argumentationsstrukturen.

„Noch immer trifft der von Peter Glotz gegen die Kommunikationswissenschaft erhobene Vorwurf zu, dass sie im Umgang mit der Öffentlichkeit häufig unfähig sei. Die seriöse Forschung gebe sich versonnen Detailstudien hin und überlasse das Feld der öffentlichen Meinung Autoren wie Neil Postman und Marie Winn, deren Bücher (z. B. „Das Verschwinden der Kindheit" oder „Wir amüsieren uns zu Tode" von Postman bzw. „Die Droge im Wohnzimmer" von Winn) sich durch simple, monokausale Erklärungsansätze und eine oberpointierte Darstellung auszeichnen." (A.a.O.)

Hoffmann kritisiert ebenfalls diese simplen Darstellungen, denn die „aktuelle Medien-Gewalt-Diskussion in der Öffentlichkeit differenziert wenig, sondern ‚schlägt zu' wie Gewalt selbst." (Hoffmann, 2003: S. 207.)

Vielmehr besitzt der Wirkungsbegriff eine große Vielschichtigkeit, denn „längst bevor die eigentliche Medienaussage wirken kann, legen bereits die Person des Rezipienten und sein soziales Umfeld fest, welcher Wirkungsspielraum für die Medienaussage noch zur Verfügung steht." (A.a.O.: S. 186)

Demnach muss ein differenzierter Erklärungsansatz die sozialen, situationalen und personalen Randbedingungen mit einschließen. Auch eine Unterscheidung zwischen kurzfristigen und langfristigen Wirkungen ist dabei unabdingbar. (vgl. Eisermann, 2001: S. 43)

Folglich reichen, wie Kunczik/ Zipfel es bereits erwähnten, monokausale Erklärungen nicht aus, denn nicht „der ‚Text' des Medienangebots allein ist entscheidend, sondern ebenso der ‚Kon-Text' der Medienzezeption und die Wechselwirkung zwischen Text und Kontext." (A.a.O.: S. 199) Zu dieser Erkenntnis gelangt auch Vollbrecht (2001), indem er sagt: „Wesentlicher als das konkrete Ausmaß an Gewaltanwendung ist die durch Normen und moralische Vorstellung gestützte Kontrolle. Der soziale Kontext ist dabei ebenfalls von entscheidender Bedeutung." (Vollbrecht, 2001: S. 163)

Dieser „Kon-Text" wird in der Prüfpraxis der FSK auch mehr und mehr berücksichtigt, nur sind die Prüfer bei ihren Entscheidungen dabei an das gesetzliche Korsett der Altersfreigaben gebunden, wie dieses bereits die Wirkungsdiskussion der Harry Potter- Filme in Ansätzen zeigen konnte.

Im Folgenden skizziere ich zunächst den Gewaltbegriff der Medienwirkungsforschung, um in einem weiteren Schritt die aktuellen Thesen und Theorien der Medienwirkungsforschung und deren wichtigsten Erkenntnisse kurz zu erläutern.

3.1.1. Der Gewaltbegriff in der Medienwirkungsforschung

In einer sehr engen Definition von Gewalt lässt sich diese verstehen „als ein subjektiver Akt der bloßen physischen Beschädigung oder ein Angriff auf Leib und Leben (mit dem Töten als extremster Form)" (Vollbrecht, 2001: S. 166).

Ebenfalls eine allgemein gehaltene, aber differenziertere Definition von Gewalt geben u.a. Schorb und Theunert. Dort heisst es: „Gewalt ist die Manifestation von Macht oder Herrschaft, mit der Folge und/oder dem Ziel der Schädigung von einzelnen oder Gruppen von Menschen." (Schorb/Theunert, 1982: S. 323)

Johann Galtung indes erweiterte 1975 die Definition um den Begriff der „strukturellen Gewalt". In der Definition von Galtung liegt dann Gewalt vor,

„wenn Menschen so beeinflusst werden, dass ihre aktuelle somatische und geistige Verwirklichung geringer ist als ihre potentielle Verwirklichung." (Galtung, 1975: S. 15)

Galtung unterscheidet dabei sechs Dimensionen von Gewalt:

1. physisch – psychisch

2. negative – positive Einflussnahme (Konsumgesellschaft übt Konsumzwang aus und belohnt ein bestimmtes Verhalten)

3. Existenz eines Objekts (Atomtests, Gewalt gegen Sachen)

4. Existenz eines Subjekts (personale, direkte oder strukturelle, indirekte Gewalt)

5. intendiert – nichtintendiert (wichtig für die Schuldfrage)

6. manifest – latent (Latente Gewalt ist vor direkter Ausübung bereits vorhanden; z.B. im Fall von Diskriminierung)

(vgl. Vollbrecht, 2001: S. 167)

Diese sechs Dimensionen, vor allem intendierte – nichtintendierte und manifeste und latente Gewaltunterscheidungen spielen bei der Beurteilung eines Filmes, hinsichtlich der Festlegung der Altersfreigabe, eine wichtige Rolle.

So ist es entscheidend für die Festlegung der Freigabe, ob die Schuldfrage in einem Film bei Gewaltdarstellungen klar oder unklar ist oder einer Gewaltanwendung zuvor beispielsweise latente Gewalt vorausgegangen ist, welche z.B. einen Ausbruch harter Gewaltdarstellungen im Folgenden erklären könnte.

Kepplinger und Dahlem (1990) unterscheiden, bezogen auf Mediendarstellungen, Gewaltdarstellungen im engeren Sinn, Gewalt legitimierte Darstellungen im weiteren Sinn[9], Darstellungen realer bzw. fiktionaler Gewalt und natürliche bzw. künstliche Gewaltdarstellungen voneinander. (vgl. Kepplinger/Dahlem, 1990: S. 381-396)

---

[9] An dieser Stelle ist eine Beurteilung, inwiefern von legitimierter Gewalt gesprochen werden kann ethisch schwierig zu treffen, da prinzipiell jede Art von Gewalt zunächst negativ konnutiert ist. Gemeint an dieser Stelle ist diejenige dargestellte Gewalt, die im Sinne der Filmhandlung als gerechtfertigt angesehen werden kann.

Im weiteren Verlauf der Arbeit liegt der Schwerpunkt des verwendeten Gewaltbegriffs auf der natürlichen Darstellung fiktionaler Gewalt.

Folgende beobachteten Effekte von Gewaltdarstellungen nennt die Gewaltkommission (Schwind et al. 1990) und sind auch für die Beurteilung von Gewaltdarstellungen zu berücksichtigen:

1. Erzeugung von Klischees und Feindbildern

2. Förderung sozialer Desintegration

3. Aufbau negativer Weltbilder

4. Auslösung gewaltrelevanter Effekte: Nachahmungseffekte, Gewöhnungseffekte, Verstärkereffekte

5. Erzeugung von Verbrechensfurcht.

Ein weiterer interessanter Aspekt des Begriffes Gewalt ist die Ausdifferenzierung der personalen Gewalt[10]. So unterscheidet man dort zwischen expressiver und instrumenteller Gewalt.

„Erstere dient der Selbstpräsentation, wobei die Opfer beliebig erscheinen und das Aufbrechen der Gewalt unberechenbar ist. Sie ist Gewalt „just for fun"; der Akt der Gewaltausübung wird zum Selbstzweck. [...] Instrumentelle Gewalt hingegen dient der Selbstdurchsetzung und der Problemlösung in alltäglichen [...] Konfliktsituationen. Wichtiger als der Vollzug der Gewalthandlung ist in diesem Fall ihr Ergebnis" (Fuchs, Lamnek, Luedtke 2001, S. 91).

Diese Unterscheidung ist aus der Perspektive des Jugendmedienschutzes entscheidend. So erhielt bisher ein Film, in der die Gewalt überwiegend zum Selbstzweck diente, oftmals keine Jugendfreigabe (siehe z.B. „From dusk till dawn", USA 1996) oder er wurde indiziert oder nach Paragraph § 131 StGB beschlagnahmt. (siehe z.B. „Tanz der Teufel", USA 1982)[11].

---

[10] Die personale Gewalt ist eine deutlich sichtbare Aktion – es gibt eine Person, die Gewalt ausübt und eine andere, der Gewalt angetan wird. (vgl. Heissenberger 1997: S. 38)

[11] Am 27.April 1984 wurde der Film 'Tanz der Teufel' in der Bundesrepublik Deutschland indiziert. Knapp zwei Monate später, am 02. Juli 1984, wurde der Film schliesslich durch den Beschluss der AG München im deutschen Bundesgebiet beschlagnahmt. (http://www.dvd-forum.at/418/film_review_detail.htm, Zugriff: 12.10.05)

3.1.2. Die wichtigsten Theorien und Thesen aus der Gewaltwirkungsforschung

Innerhalb der Gewaltwirkungsforschung werden meist folgende Theorien bzw. Thesen voneinander unterschieden: Die Katharsisthese, die Suggestions – und Stimulationsthese, die Habitualisierungsthese und lerntheoretische Überlegungen. (vgl. Eisermann, 2001: S. 46., Kunczik, 2002: S. 213-215, Kunczik/Zipfel, 2002: S. 30-34, Vollbrecht, 2001: S. 167-171, Hoffmann, 2003: S. 202-208)

Im Folgenden sind diese wichtigsten Thesen und Theorien knapp dargestellt.

- **Die Katharsistheorie**

Katharsis ist das griechische Wort für „Reinigung". Der Philosoph Aristoteles beschrieb in seiner Dramentheorie mit diesem Begriff die Wirkung der Tragödie, nachdem der Betrachter der Handlung mit Furcht und Mitleid gefolgt ist.

„Anhänger der *Katharsisthese* gehen [unter anderem] von der Existenz eines angeborenen Aggressionstriebes aus. Sie behaupten, durch das dynamische Mitvollziehen von an fiktiven Modellen beobachteten Gewaltakten in der Phantasie werde der Drang des Rezipienten abnehmen, selbst aggressives Verhalten zu zeigen." (Kunczik/Zipfel, 2002: S. 31)

Mittlerweile gilt diese Theorie mit ihren unterschiedlichen Varianten als widerlegt, da keine ausreichenden empirischen Befunde vorliegen. (vgl. Kunczik 1996: S. 66)

- **Die Suggestions- und Stimulationstheorie**

Anhänger der Suggestionstheorie gehen davon aus, dass Menschen mehr oder weniger direkt nach dem Konsum einer Gewaltdarstellung eine Nachahmungstat begehen würden. Tatsächlich ist der Effekt schon lange bekannt: Nachdem Johann Wolfgang von Goethe ‚Die Leiden des jungen Werther' veröffentlichte, stieg die Selbstmordrate kurzfristig enorm an. („Werther-Effekt", Kunczik/Zipfel, 2002: S. 32) Jedoch wird auch diese Theorie in der wissenschaftlichen Literatur nicht mehr vertreten. (vgl. A.a.O.)

Unter der Stimulationstheorie ist zu verstehen, dass Gewalt unter bestimmten Bedingungen zu einer Zunahme aggressiven Verhaltens führt. Zu diesen Bedingungen gehören persönlichkeitsspezifische und situative Faktoren. Bei den persönlichkeitsspezifischen Faktoren handelt es sich vor allem um durch Frustration bewirkte emotionale Erregung. Unter situativen Bedingungen sind z. B. aggressionsauslösende Hinweisreize, die entweder mit gegenwärtigen Ärgernissen oder vergangenen Erlebnissen assoziiert werden oder grundsätzlich aggressionsauslösend wirken, wie z. B. Waffen gemeint. (vgl. Berkowitz, 1969: S. 25 ff.)

Diese These bedient sich allerdings ebenfalls einem zu einfachen Reiz-Reaktionsschema, welches zwar enorme Eingängigkeit und Einprägsamkeit offenbart, jedoch wichtige Faktoren, wie gesellschaftliche Strukturen, Gruppenprozesse, Erziehung oder Politik vollkommen außen vor lässt. (vgl. Vowe/Friedrichsen, 1995: S. 7)

- **Die Habitualisierungsthese**

Die *Habitualisierungsthese* basiert auf der Annahme, dass ein einzelner Film kaum in der Lage ist, Einstellungen oder sogar Persönlichkeitsstrukturen dauerhaft zu verändern. Stattdessen werden langfristige, kumulative Effekte betont. Der Habitualisierungsthese zufolge nimmt die Sensibilität gegenüber Gewalt durch den ständigen Konsum von Fernsehgewalt ab, bis Aggression schließlich als normales Alltagsverhalten betrachtet wird. (vgl. Vollbrecht, 2001: S. 169) Es konnten jedoch auch bei dieser These bisher keine sicheren empirischen Belege gefunden werden.

„Unter die Habitualisierungsthese lassen sich auch Erregungstheorien subsumieren [z.B. Frustrations-Aggressionsansatz von Berkowitz 1969 oder die Exitations-Transfer-These von Zillmann 1971], die auf der Annahme basieren, dass Erregungszustände die Handlungsbereitschaft steigern und die Wahrscheinlichkeit von (aggressiven) Handlungen erhöhen." (Vollbrecht, 2001: S. 170)

- **Lerntheorie**

Vertreter der Lerntheorie gehen davon aus, dass Menschen ihr Verhalten weder allein durch innere Kräfte noch allein durch Umweltreize (z.B. durch Medien) entwickeln – vielmehr ist es eine Wechselwirkung, d.h., Kinder lernen durch Imitation und Identifikation. Sie beobachten, dass ein bestimmtes Verhalten Erfolg verspricht, ahmen dieses Verhalten nach, überprüfen praktisch die

Richtigkeit ihrer Erfahrung und ziehen daraus eine Konsequenz, in dem sie dieses Verhalten bei Erfolg beibehalten oder bei Misserfolg verändern bzw. verwerfen. Es wird also davon ausgegangen, dass jeder Mensch die Ausübung einer Handlung von deren vermutlichen Konsequenzen abhängig macht. Somit unterliegt ein gewalttätiges Verhaltenspotenzial normalerweise Hemmungen, die aus den sozialen Normen, der Furcht vor Bestrafung und Vergeltung, Schuldgefühlen und Angst bestehen. (vgl. Bandura 1979: S. 79)

„Insgesamt werden im Rahmen der Lerntheorie neben den Merkmalen von *Medieninhalten* (z. B. Stellenwert, Deutlichkeit, Nachvollziehbarkeit von Gewalt, Effizienz, Rechtfertigung, Belohnung von Gewalt) die *Eigenschaften des Beobachters* (z.B. Wahrnehmungsfähigkeiten, Erregungsniveau, Charaktereigenschaften, Interessen, frühere Erfahrungen, wie z.B. Bekräftigung erworbener Verhaltensmuster) sowie die *situativen Bedingungen* (z.B. Sozialisation, Normen und Verhaltensweisen in der familiären Umwelt und in den Bezugsgruppen, d.h. Peergroups) als Einflussfaktoren bei der Wirkung von Mediengewalt einbezogen. Dabei berücksichtigt die Lerntheorie, dass Handeln durch Denken kontrolliert wird und verschiedene Beobachter identische Inhalte unterschiedlich wahrnehmen und daraus auch unterschiedliche Verhaltenskonsequenzen ableiten können." (Kunczik/Zipfel, 2002: S. 33)

Besonders deutlich werden diese triadischen, reziproken Wechselbeziehungen (vgl. Bandura, 1989) in der sozial-kognitiven Lerntheorie. (vgl. Hopf, 2002: S. 2)

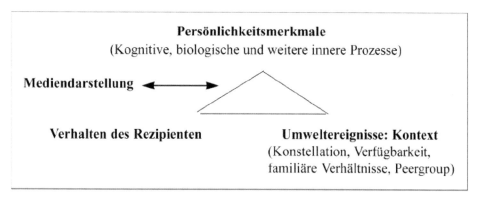

Persönlichkeitsmerkmale
(Kognitive, biologische und weitere innere Prozesse)

Mediendarstellung

Verhalten des Rezipienten   **Umweltereignisse: Kontext**
(Konstellation, Verfügbarkeit, familiäre Verhältnisse, Peergroup)

Abbildung 2: Drei-Faktoren-Modell

Aus diesem Drei-Faktoren-Modell kann man schließen, dass Gewaltdarstellungen unterschiedliche Effekte, je nach Persönlichkeitsmerkmalen und Umgebungsbedingungen, hervorrufen können. (vgl. Hopf, 2002: S. 2)

Innerhalb der Medienwirkungsdebatte existieren noch eine Menge weiterer Thesen, Theorien und Ergänzungen der bereits vorhandenen Theorien, nur „es ist bislang nicht gelungen, die zur Problematik Medien und Gewalt vorliegenden Studien in ihrer Aussagekraft zu bündeln." (Kunczik, 2000: S. 208 ff.)

Kunczik ist auch der Ansicht, dass die Randbedingungen, unter denen die Medien wirken, viel zu komplex seien, als dass es möglich ist, sie in einem konsistenten Satz von Hypothesen zusammenzufassen. Schließlich könne man auf die komplizierte Frage nach der Wirkung keine einfache Antwort geben. (vgl. A.a.O.)

Um jedoch eine differenziertere Einschätzung der Bedeutung medialer Gewaltdarstellungen hinsichtlich einer möglichen Differenzierung der Altersfreigaben zu ermöglichen, bedarf es vor allem einer Betrachtung der Wahrnehmung und des Verständnisses von Gewaltdarstellungen bezogen auf die Altersstufen der FSK.

In diesem Fall „ist eine über den traditionellen Wirkungsansatz reichende Sicht notwendig, um der (Rezeptions-)Wirklichkeit näherzukommen." (Wierth-Heining, 2000: S. 9)

Demnach gilt es einerseits zu prüfen, warum Gewaltdarstellungen Kinder und Jugendliche so faszinieren und andererseits, wie sie diese Darstellungen in ihrer Altersstufe wahrnehmen bzw. verarbeiten können und ob sich aus diesen Erkenntnissen schon gewisse Tendenzen für eine Reform der Altersfreigaben erkennen lassen.

3.1.3. Wahrnehmung und Verständnis von Gewaltdarstellungen

Wie bereits erwähnt, existieren zum Thema Wahrnehmung und Verständnis von Gewaltdarstellungen eine Vielzahl von Untersuchungen mit ganz unterschiedlichen Aussagen. Jedoch ist die Fragestellung nach den direkten, kurz- und langfristigen Effekten dargestellter Gewalt weiterhin die dominierende geblieben, die an die Medienwirkungsforschung herangetragen wird. (vgl. Eisermann, 2001: S. 43)

Und in der Forschung sind, laut Kunczik, in den letzten Jahrzehnten durchaus Fortschritte erzielt worden, denn aufgrund „der inzwischen vorliegenden Befunde besteht heute Konsens darüber, dass Mediengewalt negative Effekte haben kann, wobei allerdings nicht von einem simplen Ursache-Wirkung-Zusammenhang ausgegangen werden darf und nicht die relativ wenig gefährdete Gesamtbevölkerung betrachtet werden muss." (Kunczik/Zipfel, 2002: S. 29)

Es scheint vielmehr so zu sein, „dass Gewaltdarstellungen auf die Mehrheit der Betrachter keine oder nur schwache Effekte haben, aber bei bestimmten Problemgruppen womöglich starke Wirkungen zeigen." (Kunczik, 2000: S. 208 ff., vgl. Vollbrecht, 2001: S. 172)

Zu den beobachteten Symptomen negativer Effekte bei den *Problemgruppen*[12] gehörten u.a. Schlafstörungen und Übererregbarkeit sowie besonders aggressives Verhalten durch den Konsum von filmischer Gewalt. Dieses zeigte eine schriftliche Befragung klinischer Psychologen und Psychiater (vgl. Kunczik/ Bleh/ Maritzen, 1993: S. 3-20) Mehrfach wurde dort angeführt, dass Kinder und Jugendliche versuchen, ihr eigenes aggressives Verhalten durch Vorbilder aus Gewaltfilmen zu rechtfertigen. (vgl. Kunczik/Zipfel, 2002: S. 34)

Kunczik und Zipfel gelangen zu der Ansicht, dass von entscheidender Bedeutung die *familiäre Situation* hinsichtlich möglicher negativer Effekte von

---

[12] „Zur Bestimmung von Problemgruppen kann man auf die Arbeiten des Kriminalogischen Forschungsinstitut Niedersachsen zurückgreifen. Danach erhöht sich das Risiko der Entstehung von Jugendgewalt drastisch, wenn folgende drei Faktoren zusammenkommen: Die Erfahrung von Gewalt in der Familie, gravierende soziale Benachteiligungen der Familie und schlechte Zukunftschancen des Jugendlichen aufgrund niedrigen Bildungsniveaus." (Vollbrecht, 2001: S. 173.)

Mediengewalt auf Kinder und Jugendliche sei. Kinder aus intakten Familien seien weniger gefährdet, weil es genügend kompensierende Einflüsse gebe. Auch für das Erlernen von Aggression gelte, dass zunächst die unmittelbare familiäre Umwelt und zweitens die Subkultur bzw. die Gesellschaft, in der man lebe, die Quellen seien, aus denen aggressives Verhalten erlernt werde. Erst an dritter Stelle kämen die massenmedial angebotenen aggressiven Modelle hinzu. (vgl. Kunczik/Zipfel, 2002: S. 33)

Ähnlich argumentierte auch Dieter Baacke 1993, indem er sagte: Es sind „nicht thematisch einzelne Gewaltdarstellungen (Schüsse und Leichen), die Fernsehprogramme bedenklich machen, sondern die auch außerhalb der Medien zu beobachtende, sich ausbreitende Gewaltförmigkeit menschlicher Beziehungen aufgrund sozialer Ortlosigkeit und Vereinzelung." (Baacke, 1993: S. 22)

Auf der anderen Seite sind es aber vorwiegend die *Problemgruppen*, die relativ oft ins Kino gehen oder sich zuhause mit Freunden gewaltvolle DVD's oder Videos anschauen. Somit ist es auch wichtig, auf die Altersfreigaben zu blicken, um diese dahingehend zu überprüfen, ob sie noch zeitgemäß sind, da die Wirkung gewalthaltiger Filme zum einen auf Kinder und Jugendliche vor allem durch die Filme selbst, wie z.B. deren Inhalte, Botschaften, Sequenzen, formale Gestaltungsmittel wie Dramaturgie, Technik, Schnittfolge bzw. Schnittgeschwindigkeit usw. bestimmt werden und zum anderen durch die rezeptionsspezifische Situation des Zuschauers im Zusammenhang mit Bezugspersonen oder –gruppen, wie z.B. Eltern, Geschwister, Peergroups, Schule. Außerdem spielt die Person und Persönlichkeit des Rezipienten selbst eine wichtige Rolle, wie z.B. Alter, Reifegrad, Geschlecht, Entwicklung, Wahrnehmungsfähigkeit sowie Persönlichkeitsstruktur und die subjektive Bedeutung des Mediums für den Rezipienten, wie z.B. Intensität und Dominanz der Nutzung. (vgl. Kleber, 2003: S. 94)

Demzufolge hängt die Wirkung gewaltvoller Filme von sehr vielen Faktoren ab. Und gerade bei der Frage der Wahrnehmungsfähigkeit und Entwicklung muss davon ausgegangen werden, dass sich in den letzten 50 Jahren das Rezipientenverhalten gravierend verändert hat. So haben wir es heute mit Kindern und Jugendlichen zu tun, die schon über sehr viel Medienerfahrung verfügen, die in Medienwelten leben und mit einer Vielfalt von Medien aufwachsen und unterschiedliche gewalthaltige Medieninhalte aufgrund dieser Erfahrungen richtig einordnen können. (vgl. Vollbrecht, 2001: S. 9-24; Moser, 2000: S. 211-218)

Diese Faktoren und die medienpädagogischen und entwicklungspsychologischen Erkenntnisse widersprechen sich aber, wie das nächste Kapitel noch deutlicher zeigen wird, in vielen Punkten mit den bestehenden Altersfreigabegrenzen.

Jedoch bezogen auf Befürchtungen eventueller Nachahmungstaten durch diese *Problemgruppen* gelangte die „Gewaltkommission" schon 1990 zu dem Resümee: „Da Gewaltdarstellungen nur bei wenigen Beobachtern eine direkte gewaltauslösende Wirkung haben, sind Nachahmungstaten oft ohnehin gewaltorientierter Menschen wohl nicht das eigentliche Problem der Gewalt in den Medien." (Schwind et al, 1990: S. 96) Ähnlich treffend argumentierte auch Henning Haase, indem er formulierte, dass ein Zusammentreffen der potenziellen Wirkungsfaktoren in einer Person und in einer Situation zwar möglich sei, aber wenig wahrscheinlich. Wenn dies doch geschehe, sei „dies auf die gesamte Population bezogen ein höchst seltenes Ereignis, individuell bedauerlich, aber gesamtgesellschaftlich ein Randproblem" (Haase, 1981: S. 25).

Zudem könnten laut Vollbrecht Gewaltdarstellungen auch vermitteln, „dass Gewalt sich nicht lohnt und schwerwiegende Folgen für die Opfer hat." (Vollbrecht, 2001: S. 172)

Es wird überdies vermutet, dass der Grad der Realitätsnähe einer Darstellung von Gewalt sehr stark auf die Wirkung Einfluss nimmt. So scheinen sehr realitätsnahe Gewaltdarstellungen bei den Rezipienten eher zu Angst, Betroffenheit und Ablehnung der Gewalt zu führen (vgl. Friedrichsen/Grundlagen, 1995: S. 398), wohingegen realitätsferne Gewaltdarstellungen wesentlich als Unterhaltung begriffen werden. Gerade bei Zeichentrickfilmen, aber auch bei Actionfilmen kann dies exemplarisch verstanden werden: Diese vor allem von Kindern konsumierten Gewaltdarstellungen haben mit der Lebenswelt einfach deshalb nicht sehr viel zu tun, weil die Darstellung der Charaktere und der Welt nicht realistisch sind (vgl. Friedrichsen/Grundlagen, 1995: S. 408) und Gewalt von Kindern anders wahrgenommen wird als von Erwachsenen, sozusagen durch eine legitimatorische Brille, aufgrund dieser Sichtweise vor allem eine klare Differenzierung zwischen „Guten" und „Bösen" in Filmen existieren muss. (vgl. Vollbrecht, 2001: S. 163)

Allerdings ist an dieser Stelle anzumerken, dass, laut der FSK selbst, Kinder erst etwa im Alter von 9 Jahren diese Unterscheidung im vollem Umfang leisten können (vgl. FSK-Broschüre 2004: S. 6) und deshalb gerade bei Filmen, die eine Freigabe „ab 6 Jahren" oder „ohne Altersbeschränkung" erhalten und in denen gewaltvolle Szenen enthalten sind, die Argumentation, es handle sich um eine völlig unrealistische Darstellung der Realität bzw. die Darstellung hätte mit der Lebenswelt der Kinder nichts zu tun und deshalb sei eine niedrige Freigabe gerechtfertigt, mit Vorsicht zu genießen sind. In Bezug auf das Gewaltverständnis von Kindern und Jugendlichen muss außerdem beachtet werden: „Je jünger die Heranwachsenden sind, desto weniger differenziert ist ihr Gewaltverständnis, desto weniger stabil sind ihre Wertmaßstäbe und desto größer ist die Gefahr medialer Beeinflussung ihres Gewaltverständnis." (Theunert, 2005: S. 143)

Außerdem dürfe man, laut Wulff, Gewaltdarstellungen nie fernab von der erzählten Geschichte betrachten, denn „Gewalt steht nicht isoliert da, sie ist immer in den Rahmen einer Erzählung eingebunden. Nur in diesem Rahmen ist der [...] Entwurf von Realität möglich, nur in Texten kann ,Sinn' entstehen. (Wulff, 1985: S. 14). Ähnlich sieht es auch Vollbrecht. So ist Gewalt auch immer in soziale Handlungen eingebunden. „Es gibt also neben Normen und Rechtfertigungen immer auch Ursachen oder Motive für Gewalthandlungen [...] Gewaltdarstellungen müssen daher im Rahmen der Erzähl- und Handlungskontexte gesehen bzw. gedeutet werden." (Vollbrecht, 2001: S. 164)

Aber auch an dieser Stelle ist zu fragen, ob eine Altersfreigabe „ab 6 Jahren" gerechtfertigt ist, wenn beispielsweise im ersten Harry Potter-Film die Schachfiguren sehr bedrohlich und gewalttätig gezeichnet sind, jedoch eine Einordnung in den Rahmen der Geschichte, eine Einordnung ins Fiktionale noch nicht richtig stattfinden kann, sondern innerhalb der Alterstufe der 3-8jährigen Kinder die „emotionale, episodische Impression im Vordergrund" (FSK-Broschüre 2004: S. 6) steht.

Nun gilt es die Frage zu beantworten, warum Gewalt vor allem auf Jugendliche eine so faszinierende Anziehungskraft besitzt.

Es ist schwer zu bezweifeln, dass Gewalt in gewisser Art und Weise eine faszinierende Wirkung auf uns Menschen hat. (vgl. Vollbrecht, 2001: S. 156)

Kinder und vor allem Jugendliche sind begeistert, wenn es im Kino oder auf der DVD ordentlich „kracht", der Actionheld sich erfolgreich durch den Film „ballert" oder die menschenfressenden Zombies am Schluss des Films besiegt werden. Action- und Horrorfilme gehören zu den beliebtesten Genres der Kinder und Jugendlichen. (vgl. Mikos, 1995: S. 166)

Die Actionstars sind bekannt und werden bewundert. Ein Beispiel: „Weltweit dient der Actionheld als Vorbild. Jo Groebel schreibt: ,Arnold Schwarzenegger als 'Terminator' ist ein weltumspannendes, kulturübergreifendes Phänomen. Weltweit kennen ihn 88 Prozent der jugendlichen Fernsehzuschauer.'" (Kunczik, 2000: S. 208 ff.) Bei dieser Art von Action- bzw. Horrorfilmen weiß der kindliche und jugendliche Zuschauer genau, was ihn erwartet: „Kampfszenen, aufgeschlitzte Körper, wilde Verfolgungsjagden [...] und vieles mehr." (Mikos, 1995: S. 166)

Nur was macht diese Faszination aus? Und wie wird diese wahrgenommen?

Neben den Wirkungstheorien ist es in Bezug auf die Wahrnehmung von Gewaltdarstellungen und den Konsequenzen für die Altersfreigaben zunächst auch „richtig und in Übereinstimmung mit den neueren Medienwirkungstheorien [...], an der Frage der Faszination von Gewalt anzusetzen, also bei den Bedürfnissen und Motiven der Zuschauer." (Vollbrecht, 2001: S. 161)

Bernward Hoffmann hat in seinem Buch „Medienpädagogik" von 2003 sehr plausibel die Faszination von Gewaltdarstellungen in drei Dimensionen unterteilt.

1. *Physiologisch*: Actiondramaturgie befriedigt das Bedürfnis nach angenehmer und scheinbar folgenloser Aufregung allein durch die Form.

2. *Emotional*: Mediengewalt hat Stellvertreterfunktion; man kann sich mit dem Sieger identifizieren und Abenteuer erleben, die real unmöglich oder sehr riskant wären.

3. *Kognitiv:* man sucht Orientierungen und Informationen über eine unüber- und undurchschaubar gewordene Welt. (Hoffmann, 2003: S. 207)

Diese Dimensionen machen ganz besonders die Tragweite der Faszination von Gewaltdarstellungen offensichtlich. Desgleichen wird an dieser Stelle die große Verantwortung der FSK gegenüber den jungen Rezipienten deutlich, da gerade die schon beschriebenen *Problemgruppen* in der Mediengewalt einerseits Bedürfnisbefriedigung und Möglichkeiten zur Identifikation mit den gewalttätigen, siegreichen Helden suchen und andererseits auf ihrer Suche nach Orientierung ihr aggressives Verhalten durch ihre Helden aus den Action- oder Horrorfilmen durchaus rechtfertigen. (vgl. Kunczik/Zipfel, 2002: S. 34)

Trotzdem muss seitens der Jugendmedienschützer akzeptiert werden, dass Kinder und Jugendliche Action- und Horrorfilme deshalb so interessant und faszinierend finden, da sie „auf spezifische Aspekte ihres Lebens und ihre entwicklungspsychologisch und sozial bedingten handlungsleitenden Themen eingehen." (Mikos, 1995: S. 189) Dem fügt Frau Ress in ihrem Buch „Die Faszination Jugendlicher am Grauen" noch hinzu, dass durch Horror- bzw. Actionfilme Jugendliche dazu tendieren, offengelassene Tabuthemen der Erwachsenenwelt aufzugreifen, um selbst erwachsen werden zu können. (vgl. Ress, 1990: S. 158)

3.1.4. Ergebnisse der Medienwirkungsforschung; Folgen für die Altersfreigaben?

Zusammenfassend lässt sich sagen, dass für einen verantwortungsvollen Umgang seitens des Jugendschutzes in Bezug auf Filme, in denen Gewalt vorkommt, folgende fünf wesentlichen Gesichtspunkte beachtet werden sollten:

1. Die Feststellung, dass die Wahrnehmung und Verarbeitung von Gewaltdarstellungen von vier Ebenen abhängt, der textuellen, individuellen, sozialen und gesellschaftlichen Ebene (vgl. Mikos, 1995: S. 189) und Mediengewalt zwar negative Effekte haben kann, jedoch nicht bei dem wenig gefährdeten „Normalbürger", sondern nur bei bestimmten *Problemgruppen*. (vgl. Kunczik/Zipfel, 2002: S. 29)

2. Die Feststellung, dass monokausale Erklärungsansätze zu kurz greifen, denn „teilweise wortgewaltig, aber ohne hinreichende empirische Basis werden Kurzzeiteffekte wie z.B. Erregung, die durch mediale Gewalt

erzeugt werden kann, generalisiert und mutieren zu stabilen Verhaltensdispositionen." (Theunert, 2005: S. 138) Mediengewalt muss man hingegen immer im sozialen Kontext sehen. (vgl. Vollbrecht, 2001: S. 163)

3. Die Berücksichtigung, dass die heutige Kindheit und Adoleszenzphase weitgehend von und durch Medien geprägt ist, demzufolge die Kinder und Jugendlichen schon sehr früh über sehr viel Medienerfahrung verfügen und dadurch Medieninhalte besser nachvollziehen und einordnen können. Denn eine „(medien-)pädagogische Auseinandersetzung mit medialer Gewalt impliziert immer auch eine Beschäftigung mit den Lebensverhältnissen der Zielgruppen." (Theunert, 2005: S. 143)

4. Die Tolerierung der Faszination an Mediengewalt von Kindern und Jugendlichen, weil sie ihr „einen Sinn abgewinnen, da [der Held des Films] Probleme aufgreift, mit denen sie sich in ihrer Alltagswelt konfrontiert sehen" (Herlt, 1994: S. 44).

Einerseits darf man diese Faszination zwar nicht verharmlosend darstellen, aber andererseits darf man sie auch nicht hochstilisieren und in dem Konsum von Gewaltdarstellungen eine massive Gefährdung mit einer direkten Gefahr von Nachahmungstaten sehen (Suggestionstheorie), denn „was dem Erwachsenen als widerwärtiges, gefährliches oder gar „faschistoides" Machwerk erscheint, [ist] für den Jugendlichen [oftmals] nur ein actionbeladenes Phantasieprodukt."[13] (Moser, 2000: S. 192) Solche Art von Filmen können jedenfalls auch geeignet sein, beispielsweise Probleme der Identitätsfindung verdichtend darzustellen, so dass diese von Jugendlichen produktiv verarbeitet werden können. (vgl. A.a.O.: S. 196)

In dem Zusammenhang müsste man sich fragen, ob dann eine 18er-Grenze („keine Jugendfreigabe") innerhalb der Abstufungen der Altersfreigaben der FSK überhaupt noch einen Sinn ergibt, denn in Europa steht Deutschland, neben Norwegen und Großbritannien, alleine mit dieser höchsten Altersstufe. (vgl. Hönge, 2000: S. 4)

---

[13] siehe z.B. Starship Troopers (USA, 1997, Regie: Paul Verhoeven)

5. Die Feststellung, dass die realitätsnahe bzw. realitätsferne Darstellung und der Rahmen des Erzähl- bzw. Handlungskontextes eine wichtige Bedeutung für Kinder und Jugendliche bezogen auf die Verarbeitung gewaltvoller Filme hat. Dagegen findet innerhalb der Stufen der Altersfreigaben der FSK diese Verarbeitungskompetenz, die erst ca. ab dem 9. Lebensjahr richtig einsetzt, keine Beachtung, denn eine wesentliche und „notwendige Voraussetzung für die Bewältigung von Gewaltdarstellungen ist die Fähigkeit, ein Symbol und dessen Bezug, Zeichen und Bezeichnetes auseinander halten zu können." (Vollbrecht, 2001: S. 162)

Diese fünf Punkte konnten deutlich machen, dass vor allem gewisse „Rahmenbedingungen", wie z.B. die Tatsache, dass wir in einer durch Medien geprägten Gesellschaft leben, einen großen Stellenwert hinsichtlich der Frage nach der Beurteilung von Wirkungen von Gewaltdarstellungen auf Kinder und Jugendliche einnehmen.

3.2. Entwicklungspsychologische Erkenntnisse und Ansätze

Im Nachfolgenden sollen entwicklungspsychologische Erkenntnisse, die Prozesse der Identitätsbildung und die moralische Entwicklung bei Kindern und Jugendlichen, bezogen auf eine mögliche Differenzierung der Altersfreigaben, untersucht werden.

Da einige Medienpädagogen vorwiegend entwicklungspsychologisch bedingte Gründe für eine Veränderung der Altersfreigaben anführen, jedoch diese in ihren Aufsätzen oder Interviews nicht näher erläutern, soll diese Untersuchung den zweiten Schwerpunkt in diesem Kapitel einnehmen.

3.2.1. Die Bedeutung der Medien für Kinder und Jugendliche aus der Sicht der Entwicklungspsychologie.

Zunächst soll der Begriff „Medienrealität" näher beleuchtet werden, um anschließend als Schwerpunkt die kognitiven Entwicklungsphasen des Kindes und Jugendlichen anhand des Stufenkonzeptes von Piaget, des Konzeptes der

Entwicklung als Weg zur Identität von Erikson, sowie der moralischen Entwicklungsstufen von Kohlberg heranzuziehen, um dadurch entwicklungspsychologischen Aufschluss zu erhalten, wie es um die bestehenden Altersfreigabegrenzen für Kinofilme bestellt ist.

Entwicklung kann man als einen kontinuierlichen Konstruktionsprozess verstehen, der sich in der aktiven Auseinandersetzung der Person mit ihrer Lebenswelt vollzieht. Diese Annahme ist bereits von vielen bedeutenden Fachvertretern (Piaget, Erikson, Kohlberg) formuliert worden und wird heutzutage kaum noch bezweifelt. (vgl. Hoppe-Graff/Kim, 2002: S. 910)

Diese Theoretiker sind sich ebenfalls darüber einig, dass das Ergebnis des Entwicklungsprozesses kein inneres Abbild der äußeren Welt ist, denn diese Differenz zwischen äußeren „objektiven" Gegebenheiten und der inneren subjektiven Repräsentation wird durch den Begriff Konstruktion erklärt. Zu dieser Sichtweise steht das Alltagsverständnis von einer übergroßen „Macht der Medien" im krassen Gegensatz. (vgl. ebd.)

Denn in der populistischen pseudo-medienwissenschaftlichen Fachdiskussion existieren immer wieder Meinungen, welche monokausale Erklärungsansätze hinsichtlich der Medienrezeption postulieren. (siehe Kapitel 3.1.) Von diesen Vereinfachungen distanzieren sich die entwicklungspsychologischen Befunde, da damit individuelle Unterschiede in der Medienwirkung vollkommen aus dem Blickfeld geraten würden.

Grundsätzlich gilt es festzuhalten, dass gleiche Medienerfahrungen, je nach Entwicklungsstand, unterschiedlich interpretiert und verarbeitet werden. Bezogen auf Gewaltdarstellungen gilt auch, dass in Abhängigkeit vom Genre, von spezifischen Darstellungsmerkmalen, beispielsweise realitätsnahe oder realitätsferne Darstellungen und von Faktoren, wie der Involviertheit und der Lebenserfahrung der Zuschauer, diese ebenfalls ganz unterschiedlich wahrgenommen werden. Dieses kann man am Beispiel kognitiver Entwicklungsvoraussetzungen, zu denen ich im Folgenden noch kommen werde, gut nachvollziehen. (vgl. Hoppe-Graff/Kim, 2002: S. 910)

Außerdem sind Entwicklungsaufgaben, gleich welcher Art, „gesellschaftlich-normativ und psychobiologisch determinierte Anforderungen, denen sich jeder

Mensch [...] stellen muss" (Boehnke/Münch, 1999: S. 38.) Und Medienerfahrungen kommen, je nach Entwicklungsstand, ganz unterschiedliche Funktionen bei der Bewältigung altersspezifischer Entwicklungsaufgaben zu.

Medienrealität

Wie bereits erwähnt, beeinflusst die Realitätsnähe die Wirkung der Mediengewalt bei Kindern und Jugendlichen; nur wie ist es mit der Entwicklung des Verständnisses der „Medienrealität" beschaffen? Einen Rahmen bietet hier Doelkers Modell der Medienkommunikation von 1989. Er unterscheidet bei der Medienkommunikation drei Wirklichkeiten voneinander.

Wirklichkeit 1: Unter dieser **Wirklichkeit 1** wird die faktische Realität verstanden. Böhme-Dürr (2000) verwendete dafür den Begriff *Direktrealität,* der hier auch im folgenden verwendet wird.

Diese *Direktrealität* bildet den Bezugspunkt für die durch die Medien inszenierte **Wirklichkeit 2**, die als *Medienrealität* bezeichnet wird. (vgl. Böhme-Dürr, 2000: S. 139)

Wirklichkeit 2: Die Beschaffenheit der **Wirklichkeit 2** hängt von vielen Faktoren ab; von den spezifischen physikalisch-technischen Charakteristika des Mediums und von den Darbietungsabsichten der „Medienmacher". Jedoch darf man sich die *Medienrealität* nicht als einfaches, wahrheitsgetreues Abbild der Direktrealität vorstellen. Diese *Medienrealität* wird vom Rezipienten wahrgenommen und interpretiert. Daraus resultiert die **Wirklichkeit 3**, in diesem Zusammenhang als *Rezipientenwirklichkeit* bezeichnet und auch so zu verstehen.

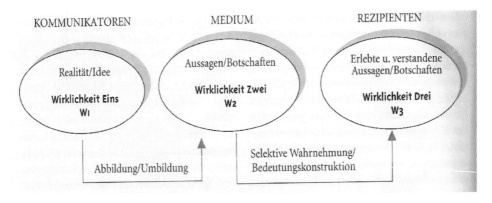

Abbildung 3: Medienkommunikationsmodell der "Drei Wirklichkeiten" von Doelker (vgl. Süss 1993, S. 32)

Diese vereinfachte Darstellung der Beziehungen zwischen Direkt-, Medien- und Rezipientenwirklichkeit (Abbildung 3) verdeutlicht, welche Aufgaben die Medien für die Heranwachsenden stellen. Sie müssen den Realitätsstatus von Medienprodukten ermitteln, indem sie zwischen der Direkt- und Medienrealität unterscheiden und die Relation zwischen beiden verstehen. Dieser Realitätsstatus erschließt sich ihnen im Prozess der Konstruktion der Rezipientenrealität. (vgl. A.a.O: S. 145)

Folglich können kleine Kinder aufgrund ihrer begrenzten kognitiven Möglichkeiten und der mangelnden Welterfahrung nicht einmal eine rudimentäre Einsicht in die Beziehung zwischen *Direkt-* und *Medienrealität* erlangen. Erst etwa im Alter von 2 bis 4 Jahren erkennen die Kinder, dass die Objekte und Ereignisse auf dem Bildschirm nicht im Apparat oder auf der Leinwand selbst sind. Im Vorschulalter verschwinden dann allmählich die Überzeugungen, dass die Akteure im Fernsehen oder auf der Leinwand sie sehen und hören können. (vgl. A.a.O.: S. 149)

Hawkins (1977) konnte indes zeigen, dass Siebenjährige schon sehr gut verstehen, dass Personen in Spielfilmen Schauspieler sind, die ihre Rollen im realen Leben nicht beibehalten. (vgl. Hawkins, 1977: S. 311)

Hoppe-Graff (2000) hat bei einem Vergleich von Phantasiespiel und Fernsehen mehrere Gemeinsamkeiten festgestellt. Es handelt sich nämlich jeweils um aktive Tätigkeiten, an denen die kindliche Phantasie stark beteiligt ist, und in beiden Fällen hat es das Kind mit einer zweiten Realität zu tun, die neben der normalen Realität, sprich *Direktrealität*, besteht. Im Phantasiespiel hat es diese jedoch, im Unterschied zum Fernsehen, selbst handelnd geschaffen. Als solche ist ihm die Spielrealität, so bizarr sie auch einem Außenstehenden vorkommen mag, immer bedeutungshaltig und verständlich. Die Fernsehrealität hat es nicht selbst geschaffen, sie erschließt sich ihm deshalb auch möglicherweise nicht so leicht. Allerdings, so kann vermutet werden, verfügt das Kind durch seine Erfahrungen mit dem Phantasiespiel über gute Voraussetzungen, die Unterscheidung der Realitätsebenen beim Fernsehen ebenfalls bald zu erwerben. (vgl. Hoppe-Graf, 2000: S. 188)

Festzuhalten bleibt also: „Die Unterscheidung Direktrealität und Medienrealität ist nicht spontan, sondern offensichtlich selbst bei Erwachsenen eine Frage des

Bewusstseins und der mentalen Anstrengung. Generell werden Fernsehinformationen [...] automatisch nicht grundsätzlich anders wahrgenommen und erfahren, als die Informationen aus der direkten Realität." (Reeves/Nass, 1997: S. 146)

Außerdem schließt sich an die Frage der Realitätskonstruktion zudem die Unterscheidung von genre- und medienspezifischen Eigenarten von Medienprodukten an.

Auf dieses Modell der „Drei Wirklichkeiten" gilt es in diesem Kapitel zu verweisen, wenn es um die Frage geht, ab welchem Alter eine Differenzierung zwischen *Direktrealität* und *Medienrealität* möglich ist, um dahingehend die bestehenden Alterfreigabestufen kritisch zu prüfen.

3.2.2. Die geistige Entwicklung nach Jean Piaget

Über die entwicklungspsychologischen Grundlagen des Weltverständnisses von Kindern gibt insbesondere das Werk Jean Piagets Auskunft (Piaget 1983, 1991; Piaget u. Inhelder 1977). Nach der von ihm geprägten kognitiven Entwicklungspsychologie bestehen zwischen dem Denken von Kindern und Erwachsenen bedeutsame qualitative Unterschiede. Kinder sind demnach keine kleinen Erwachsenen, die lediglich noch nicht so viel wissen, noch nicht so gut und fehlerfrei denken können, sondern sie schaffen sich sozusagen in handelnder Auseinandersetzung ein eigenes Verständnis von der sie umgebenden räumlich-physikalischen und sozialen Welt. Folglich fügt ein Kind seine Erfahrungen und Schlussfolgerungen in einer ihm eigenen, typischen Weise so zusammen, dass sich ihm ein Sinn daraus ergibt (vgl. Oser/Althof 1992: S. 132 f.; vgl. Roth 1996: S. 32). Diese selbst konstruierte Welt ist ihm begreifbar, in ihr findet es sich zurecht.

Das Bemerken von kognitiven Widersprüchen oder die Beschäftigung mit neuen Problemen und Situationen, die sich mit den vertrauten Erklärungsmöglichkeiten nicht einordnen lassen, stellen Anregungen für eine Veränderung der geistigen Herangehensweise dar. In der Terminologie Piagets heißt es dann folgendermaßen: Wenn Assimilationsversuche misslingen, entsteht ein internes Ungleichgewicht, das aufgrund der dem Individuum innewohnenden

62

selbstregulatorischen Tendenz zur Aufrechterhaltung bzw. Wiederherstellung eines Gleichgewichts (Äquilibration) zu Akkomodationsversuchen führt. In der Äquilibration ist somit die treibende Kraft zu sehen, die eine fortschreitende widerspruchsfreie Organisation von Wissen und Erkenntnis steuert. (vgl. Piaget/Inhelder, 1972: S. 14 ff.; Piaget, 1971: S. 10-11)

- *Piagets Theorie eines stufenhaften Aufbaus der kognitiven Entwicklung*

Piaget hat die kognitive Entwicklung von der Geburt bis zum 16. Lebensjahr in vier Stufen unterteilt. Für die Unterscheidung der Stufen gilt, dass sie bei allen Versuchspersonen in konstanter Reihenfolge auftreten, dass jede durch eine Gesamtstruktur charakterisiert werden kann und nicht nur durch eine dominierende Eigenschaft und das sich diese Strukturen gemäß ihrer Entwicklungsfolge wechselseitig integrieren. (vgl. Kesselring, 1999: S. 100)

Dieses bedeutet, dass die Verhaltens- und Denkweisen der tieferen Stufen in die höheren Stufen übernommen werden und in diese sozusagen eingepasst werden; die auf früheren Stufen erworbenen Fähigkeiten gehen dabei nicht verloren, sondern bleiben, wenn auch in veränderter Form, erhalten.

Piaget erklärt Entwicklung letztlich als eine Leistung des Intellekts. Die Intelligenz entwickle sich aufgrund der inneren Tendenz, die Gleichgewichtsbedingungen dauernd zu verbessern. In diesem Schema der Äquilibration[14] sieht er eine Art Grundfunktion des Lebens (vgl. A.a.O.: S. 77-81). Lernen ist somit, wie bereits erwähnt, ein Prozess der aktiven Auseinandersetzung mit der Umwelt.

Piaget unterscheidet dabei grundsätzlich zwei Aspekte der Entwicklung: die stufenweise Reflektierung von Strukturen und die Dezentrierung (vgl. A.a.O.: S. 100-102).

Piaget nimmt verschiedene Arten oder Ebenen von Wissen an, wobei das Elementarste ein Handlungswissen ist, eine Art intuitives, "unreflektiertes"

---

[14] Im Gleichgewicht zwischen Assimilation (Information wird so verändert, dass sie sich in vorhandene Schemata einfügt) und Akkomodation (die Schemata selbst werden verändert, um der Information angemessen zu sein), sehen Piaget/Inhelder das allgemeine Entwicklungsprinzip (Äquilibrationsprinzip) (vgl. Piaget/Inhelder, 1972: S. 14 ff., Piaget, 1971: S. 10-11).

Verstehen oder Können, das erst viel später mit Hilfe des Bewusstseins durchdrungen und reflexiv rekonstruiert wird.

Etwas tun können, sich vorstellen, was man tut, und das eigene Tun begrifflich (sprachlich) erfassen, erklären oder begründen zu können, sind laut Piaget drei unterschiedliche Stationen in der Entfaltung der Intelligenz. (vgl. Ginsburg/Opper, 1998: S. 198 f.)

Piaget hat die geistige Entwicklung des Kindes als einen Prozess der Dezentrierung beschrieben, der sich in einer Abfolge von Stadien zeigt. (vgl. A.a.O.: S. 199)

Zunächst werden die Dinge selbst und ihre inneren Beziehungen erarbeitet, dann die Beziehungen zwischen den Dingen und schließlich die Beziehungen zwischen ganzen Struktursystemen. (vgl. Piaget, 1971: S. 156-157)

Auf allen Stufen der kindlichen Intelligenzentwicklung lassen sich drei Stadien unterscheiden, die einem starken Egozentrismus, einem schwachen Egozentrismus und der vollständigen Dezentrierung und Bewusstwerdung einer eigenen Tätigkeit entsprechen. Auf der Ebene des Handelns zentrieren Kinder zunächst ihren eigenen Standpunkt, setzen ihn dann mit anderen Standpunkten in Beziehung und reflektieren schließlich die räumlichen und zwischenmenschlichen Bezugssysteme als Ganze. (vgl. A.a.O.: S. 181)

Entwicklung kann insofern als Stufenprozess angesehen werden, wobei Dezentrierung auf zwei Ebenen, einer Ebene des intuitiven Verstehens und einer Ebene reflektierender Rekonstruktion abläuft. Prozesse des intuitiven Verstehens kündigen jeweils den Aufbau neuer Schemata an, schon bevor sie bewusst werden. Parallel mit ihrer Bewusstwerdung durch Reflexion werden neue Strukturen aufgebaut, die ihrerseits lange unbewusst bleiben. Entwicklung vollzieht sich also, laut Piaget, als abnehmender Egozentrismus und zunehmende Reflexion. (vgl. A.a.O.: S. 182 f.)

Jean Piaget entwickelte als erster eine große, in sich geschlossene Theorie der kognitiven Entwicklung. Die Entwicklung der Intelligenz sieht Piaget, wie schon erwähnt, als einen stetigen Prozess der Organisation im Dienste der Anpassung an die Umwelt in tätiger Auseinandersetzung mit ihr (vgl. Roth 1998: S. 32). Sie erfolgt in qualitativ voneinander verschiedenen, jedoch aufeinander aufbauenden

Stadien, die ihrerseits jeweils in mehrere Stufen gegliedert sind (vgl. Piaget 1972: S. 40 ff.):

1. Das sensumotorische Stadium (0 bis 1;6/2;0 Jahre)

Das sensumotorische Stadium erstreckt sich in etwa über die ersten beiden Lebensjahre. Kennzeichen ist u.a. eine zunehmende Fähigkeit des Kindes, einfache Wahrnehmungs- und motorische Tätigkeiten durchzuführen. Die Reflexaktivität des Neugeborenen weicht einer in höherem Maße organisierten Tätigkeit. Emotionale Äußerungen differenzieren sich zu zielgerichteten Äußerungen. Das Kind entwickelt Objektpermanenz. (vgl. Piaget 1971: S. 113 ff., vgl. Roth 1998, 32-33).

2. Das präoperationale Stadium (1;6/2;0 bis 7 Jahre)

Das präoperationale Stadium erstreckt sich etwa vom dritten bis zum siebten Lebensjahr. Für das Erlernen sprachlicher Formen ist die extensive Erfahrung entscheidend (vgl. Gage/ Berliner 1996: S. 106). Roth spricht hier von einem egozentrischen Sprachgebrauch, der nach und nach von einem sozial-kommunikativen Sprachgebrauch abgelöst wird. (vgl. Roth 1998: S. 33) In der intuitiven Phase des präoperationalen Stadiums, die sich vom fünften bis zum Ende des siebten Lebensjahres erstreckt, zeigt das Kind ein mehr und mehr logisches und rationales Verständnis. Das Kind erwirbt die Fähigkeit, Klassen oder Kategorien zu bilden und die Fähigkeit, mit Zahlenbegriffen zu arbeiten, jedoch ist das Denken des Kindes auf der präoperativen Stufe noch statisch, da es Zustände zentriert. Das Kind konzentriert sich auf die statischen Zustände einer Situation und nicht auf ihre dynamischen Transformationen. Außerdem fehlt es dem Denken des Kindes an Reversibilität. (vgl. Ginsburg/Opper, 1998: S. 199)

Zudem stellte Piaget bereits in seinem Frühwerk über das moralische Urteil und Verhalten des Kindes fest, dass Kinder unter 7 Jahren bei moralischen Entscheidungen glauben, „daß Schuld und moralische Verantwortlichkeit nicht durch die Absicht, sondern durch das Ausmaß des angerichteten Schadens bestimmt würden." (A.a.O., 1998: S. 145) Außerdem analysierte Piaget, dass das Denken des unter 7-jährigen Kindes „durch den Synkretismus gekennzeichnet wird, also durch die Neigung, verschiedene offensichtlich beziehungslose Dinge oder Ereignisse [auch mediale Ereignisse; Anm. d. Verf.] zu einem verworrenen

Ganzen zusammenzufassen; durch die Parataxe, das Unvermögen, wahrzunehmen, wodurch mehrere Dinge und Ereignisse tatsächlich verbunden sind; durch das Unvermögen, die Beziehung des Teils zum Ganzen zu verstehen [...]. Alle diese Tendenzen offenbaren ein gemeinsames Denkmuster: die Unfähigkeit, verschiedene Aspekte einer Situation gleichzeitig zu berücksichtigen." (Ebd.)

Aus den Beobachtungen und Experimenten Piagets kann man zusammenfassend sagen, „dass das Denken des Kindes auf der präoperativen Stufe irreversibel ist und nur Ausschnitte der gesamten Informationsmenge berücksichtigt [werden], vor allem solche, die den statischen Zustand der Realität betreffen." (Ginsburg/Opper, 1998: S. 200)

Bezogen auf die Rezeption von Filminhalten kann daher vermutet werden, dass Kinder mit 6 Jahren noch nicht die Gesamthandlung eines Filmes durchschauen können, sondern einzelnen Szenen - gerade Szenen in denen Gewalt und Spannung dargestellt wird, da diese auf Kinder ängstigend wirken - ein überwältigendes Gewicht zukommt. Erst ab 7 Jahren beginnen Kinder langsam verschiedene Aspekte einer Situation gleichzeitig zu berücksichtigen, sind für Transformationen empfänglich, können die Richtung ihres Denkens reversieren, können die Beziehung des Teils zum Ganzen verstehen (vgl. A.a.O.: S. 200; A.a.O.: S. 145) und damit bewusst einzelne Szenen in die Gesamthandlung eines Films einbauen.

3. Das Stadium der konkreten Operationen (ca. 7 – 11 Jahre)

Auf der Stufe der konkreten Operationen, die sich etwa vom siebten bis zum zwölften Lebensjahr erstreckt, entwickelt das Kind die Fähigkeit, verschiedene logische Operationen (Komposition, Austauschbarkeit, Reversibilität) mit konkreten Dingen durchzuführen. Das Kind ist in der Lage, komplexe, logische Denkabläufe umzusetzen, sowohl Reihenbildungen nach einer Dimension, sprachliche Reihenbildungen oder Multiplikationen von Klassen und asymmetrischen Beziehungen zu erkennen, sind jetzt leistbar. (vgl. Piaget/Inhelder 1972). In diesem Stadium nimmt das Verständnis für die verschiedenen Genres weiter zu. Unterschiedliche Sendeformate werden von achtjährigen Kindern schon recht gut erkannt (vgl. Barth, 1995: S. 19) und die Kinder verfügen bereits über eine mehrjährige Medienerfahrung und ein nicht unerhebliches Medienwissen, das zu der neuen kognitiven Struktur ergänzend hinzukommt. Jedoch ist das Kind im konkret-operatorischen Denken noch auf die gegebenen Informationen beschränkt, ob sie konkret-anschaulich oder sprachlich repräsentiert sind. Das formal-operatorische Denken geht hingegen über die vorgefundenen oder gegebenen Informationen hinaus. (vgl. Montada, 2002: S. 431)

Wichtige neue Errungenschaften in diesem Alter betreffen auch die soziale Kognition. (vgl. Silbereisen, R. K./ Ahnert,L, 2002: S. 590 ff.)

Es gelingt den Kindern zunehmend besser, sich in die Perspektive und Situation anderer Personen hineinzuversetzen und ihre Intentionen zu erkennen (Perspektivenübernahme) . In der Personenwahrnehmung spielen äußere Merkmale nicht mehr die alleinige Rolle, sondern es kommt eine Orientierung an inneren, psychischen Vorgängen hinzu. (vgl. A.a.O.: S. 597) Bei einer Betrachtung von altersspezifischen Beschreibungen einer Filmszene, die eine gespannte Beziehung eines Kindes zu seinem Vater zeigt, hat man folgendes herausgefunden: Während Sechsjährige zumeist sagen, das Kind sei traurig, "weil es weint", erklären schon Achtjährige: "weil der Vater es nicht mag". Bezüglich der Medienrezeption bilden sich somit nach und nach personenorientierte Schemata aus, in die sich die, in den bevorzugten Sendeformaten auftretenden Charaktere, integrieren lassen (vgl. Barth, 1995: S.22). Ein solches Medienwissen und die dargestellten kognitiven Operationsmöglichkeiten bilden den Hintergrund für das Verstehen von filmischen Darstellungen. Das Denken ist jedoch in diesem Stadium noch stark auf konkrete Erfahrungen gestützt. Distanzierungen fallen noch sehr schwer.

Aufgrund dieser Erkenntnisse würde, bezogen auf die Altersfreigaben der FSK, eine Ersetzung der Altersfreigabe „ab 6 Jahren" durch eine neue Altersfreigabe „ab 8 Jahren" oder „ab 9 Jahren" durchaus Sinn machen, da zum einen 8- bzw. 9-Jährige über weitaus mehr Medienerfahrung und Medienwissen verfügen und dadurch gewalthaltigen oder dramatischen Szenen nicht mehr so eine gefahrvolle Bedeutung während der Rezeption zukommt und zum anderen Kinder in diesem Alter schon sehr sicher die Beziehung des Teils zum Ganzen verstehen (vgl. Ginsburg/Opper, 1998: S. 145). Übertragen auf das Medium Film bedeutet es, dass 8- bzw. 9- jährige Kinder einzelne Szenen viel sicherer als 6-Jährige in den

Gesamtkontext des Films einordnen können und daher, wie bereits die FSK selbst in ihrer Info-Broschüre beschreibt, infolgedessen „emotionale, episodische Impression" (FSK-Broschüre, 2004: S. 6) nicht mehr im Vordergrund steht.

Dieter Baacke (1998) beschreibt die Gruppe der 9-Jährigen ebenfalls als eine sehr kompetente Altersgruppe, die nicht zu kompliziert denkt, aber trotzdem bereits die notwendige Flexibilität besitzt, um ihr Wahrnehmungsurteil zu ändern. „Tatsächlich sind Kinder in diesem Alter, wie jede Altersbeobachtung bestätigen kann, äußerst scharfblickende, aufmerksame und treffend erkennende Beobachter. Sie sind längst in der Lage, Dinge aus der Perspektive anderer zu betrachten; sie können aus einer Gesamtgestalt Wesentliches selektieren." (Baacke, 1998: S. 175)

Diese Erkenntnisse dürften den Prüfern bei der FSK zugute kommen, da sie dann mit einem guten Gewissen und weniger Zweifel Filme, wie die um Harry Potter - man könnte sie vielleicht „Jugendkind-Filme" nennen - freigeben können.

4. Das Stadium der formalen Operationen (ca. 11-14 Jahre)

In dem Stadium der formalen Operationen, das etwa das Alter von 11 bis 14 Jahren umfasst, erwirbt der Jugendliche die Fähigkeit, logisches Denken mit Abstraktionen umzusetzen. Dem Kind bzw. dem Jugendlichen gelingt es, Interpretationen und Hypothesen zu entwickeln und die Sprache ist verbal und gedanklich differenziert (vgl. Gage und Berliner 1996, 112). In dem Maße, in dem dies geschieht, eröffnet sich die Möglichkeit zu hypothetischem, logisch-schlussfolgerndem Denken. (vgl. Mussen, 1991: S. 64.; vgl. Ginsburg/Opper, 1998: S. 233) Und ebenfalls von großer Bedeutung ist „die Fähigkeit des Jugendlichen, sich die zahlreichen Möglichkeiten vorstellen zu können, die in einer bestimmten Situation innewohnen." (Ginsburg/Opper, 1998: S. 233) Nicht allein das medienbezogene Urteilsvermögen erfährt dadurch eine wesentliche Bereicherung.

Die Befähigung zur Perspektivenübernahme ist in diesem Denkstadium nicht mehr auf konkrete Personen beschränkt und im Bereich der sozialen Kognitionen stellt sich die Möglichkeit ein, zwischenmenschliche Konflikte aus der Sicht eines neutralen Dritten zu analysieren.

Dadurch erhalten Jugendliche in diesem Stadium die Kompetenz, nicht nur verschiedene Filmgenres sicher zu klassifizieren, sondern können sich dann auch sehr sicher in ihnen bewegen.

Auch die eigene Person, das eigene Verhalten kann zum Gegenstand von Reflexionen werden. Selbstreflexion und Introspektion spielen eine sehr wichtige Rolle im Leben des Jugendlichen. Hiermit ist der von Elkind (1967) genannte „jugendliche Egozentrismus" verbunden: „Damit ist die Ausweitung des Piagetschen Begriffs des Egozentrismus im Kindesalter gemeint. Elkind beschreibt die übergroße Beschäftigung mit sich selbst und die Annahme, daß auch alle anderen, die der Jugendliche wahrnimmt, mit ihm beschäftigt seien." (Schurian, 1989: S. 89-90) Jedoch können sich Jugendliche, wenn dieses Denkstadium erreicht wurde, prinzipiell mit ihrer Rolle als Medienrezipienten auseinandersetzen, etwa im Alter von 14 Jahren. Situative Umstände (z. B. Konformitätsdruck seitens der Gleichaltrigen) führen allerdings im Jugendalter noch häufig dazu, dass von diesem Reflexionsvermögen kein konkreter Gebrauch gemacht wird.

Ebenfalls ist es wichtig, in diesem Zusammenhang zu erwähnen, dass die vielfältigen und neu erworbenen Entwicklungsfunktionen und die veränderten Wahrnehmungen oft den Wunsch und die Möglichkeit bewirken, den eigenen Spielraum auszuloten. (vgl. Wierth-Heining, 2000: S. 38)

„Im gefühlsmäßigen Bereich werden das eigene Ich, der eigene Körper, die eigenen Denkvorgänge zu Gegenständen des Ausprobierens. Was im Gegensatz zum Kindesalter nun nicht mehr praktisch durchgeführt werden muß, verlagert sich mehr und mehr auf das ‚Probehandeln' und das ‚Probefühlen'." (Schurian, 1989: S. 104-105)

Im Zuge des ständigen Ausprobierens und „Probehandelns" und „Probefühlens", welches sowohl mit Erfüllungen als auch mit Enttäuschungen verbunden ist, spielt natürlich auch der Konsum von Filmen eine Rolle. Hier dienen Filme vorwiegend dazu, die Erlebnisqualitäten „Spannung" und „Angstlust" zu befriedigen. (vgl. Wierth-Heining, 2000: S. 68)

Die Filme versprechen, dass die Zuschauer auf ein kontrolliertes Erleben von Angstlust vertrauen können. „Allerdings gehört zu diesem ‚viewing contract', eben diesen nahe an die Auflösung zu bringen, den Zuschauer an den Rand des Kontrollverlustes zu führen und ihn (für eine gewisse Zeit) mit seiner Angst alleine zu lassen. Dies ist Bestandteil des Spiels und trägt dazu bei, daß Angst umso lustvoller erlebt wird." (Mikos, 1995: S. 174)

Bezogen auf die Altersfreigaben der FSK könnte man demzufolge Filme, die stark auf die Angstlust und Spannung der Zuschauer bauen (mittlerweile die Mehrzahl von Actionfilmen, Thriller, Teenie-Horrorfilmen und großen Blockbuster, die auf die Interessen eines jugendlichen Publikums hin produziert werden) nur schwer und oftmals mit großen Bedenken seitens der Prüfer der FSK für die noch sensible und kognitiv, wie emotional nicht so gereifte Gruppe der 12-Jährigen freigeben. Diese Filme würden aber ein Großteil des Zielpublikums nicht erreichen, wenn sie eine Freigabe „ab 16 Jahren" erhielten. In dem Zusammenhang könnte beispielsweise eine Ersetzung oder Ergänzung der „Freigabe ab 12" zugunsten einer „Freigabe ab 14" Sinn machen.

- *Kritik an Piagets Entwicklungstheorie*

Von vielen Wissenschaftlern der verschiedensten Disziplinen wird Piagets Entwicklungstheorie kritisiert. Die Kritik bezieht sich in der Hauptsache auf die Invarianz der Stufenentwicklung. Außerdem erscheint es befremdlich, dass die Entwicklung des menschlichen Bewusstseins sich lediglich in 3 oder 4 Stufen erfassen lässt. In zahlreichen Untersuchungen konnte in der Tat nachgewiesen werden, dass sowohl die Entwicklung moralischen Bewusstseins, als auch die kognitive und geistige Entwicklung insgesamt, in verschiedenster Weise anders zu beobachten sind, als es von Piagets Theorie behauptet wird. (vgl. Schöfthaler/Goldschmidt, 1984: S. 75)

Die zentralen Kritikpunkte an Piagets Entwicklungsmodell sind zum einen die angeblich unterschätzten Kompetenzen der Kinder, da diese bei geeigneter Aufgabenstellung zum Teil früher Leistungen zeigen würden, die Vernachlässigung sozialer Faktoren, wie Belehrung, Lernen durch Beobachtung etc. und zum anderen Piagets Annahme über stadientypische Gesamtstrukturen, die sich gleichzeitig entwickeln und einige Aufgaben zu einem Zeitpunkt gelöst werden, zu dem andere nicht gelöst werden. Genau diese Problematik hat Piaget zwar deutlich gemacht, indem er von Verschiebungen (décalages) sprach, dieses

70

jedoch nicht weiter erforscht oder erklärt hat. Zudem wurde kritisiert, dass Piaget die Entwicklung nach der Adoleszenz vernachlässigt habe. (vgl. Montada, 2002: S. 441-442)

Hans Aeblis kritisiert außerdem, dass Piaget zwar den Strukturalismus und den Konstruktivismus in die Entwicklungspsychologie eingebracht habe, jedoch nur eine kleine Facette aus der Vielfalt der sich entwickelnden Strukturen beschrieben habe. (vgl. Aebli, 1980, 1981)

Aber: „Trotz aller möglichen und nötigen Kritik und auch angesichts der Notwendigkeit mancher Korrekturen, bleibt die Theorie Piagets doch eine höchst bedeutsame Leistung. [...] Er initiierte eine Fülle neuer faszinierender Fragestellungen und experimenteller Aufgabenstellungen. [...] Fast noch wichtiger ist, daß er eine außerordentliche profunde und scharfsinnige Theorie der kognitiven Entwicklung vorlegte, die noch immer unser Verständnis vom geistigen Wachstum prägt." (Ginsburg/Opper, 1998: S. 231)

An dieser Stelle muss man Ginsburg und Opper Recht geben, denn bezogen auf eine ggf. neue Festlegung der Altersfreigabegrenzen bei der FSK liefert Piagets Stufenmodell in Ergänzung mit weiteren Feststellungen aus der Entwicklungspsychologie ein nachvollziehbares argumentatorisches Grundgerüst, anhand dessen mögliche neue Freigabegrenzen zumindest diskutiert werden können.

3.2.3. Identitätsbildung bei Jugendlichen aus der Sicht von Erikson

Die Identitätsentwicklung bei Jugendlichen kann als eine zentrale Entwicklungsaufgabe angesehen werden.

Im Folgenden soll das psychologische Modell von Erikson, welches als Schwerpunkt das Identitätskonzept beinhaltet, näher betrachtet werden.

- *Das psychologische Modell Eriksons*

Der Psychoanalytiker Erik H. Erikson hat eine Theorie der Identität als lebenslange Entwicklung entwickelt. Obwohl er als Schüler Freuds bezeichnet werden kann, unterscheidet sich sein Modell grundlegend von bisherigen psychoanalytischen Modellen: Er hat sich für eine „Einbeziehung der triebtheoretischen Elemente in einen *sozialpsychologischen Rahmen* der Persönlichkeitstheorie eingesetzt". (Hurrelmann, 1980: S. 51) Persönlichkeitsentwicklung, welche Erikson auch ‚Lebensgeschichte' genannt hat, findet bei ihm in „drei wesentliche voneinander abhängigen Prozessen statt, welche die Formen des menschlichen Wesens bestimmen:

1. Der Prozess der Organisation des menschlichen Körpers innerhalb des Zeit-Raums eines Lebenszyklus (Evolution, Epigenese, Libidoentwicklung etc..)

2. Der Prozess der Organisierung der Erfahrung durch die Ich Synthese (Ich-Raum-Zeit; Ich–Abwehrmechanismen; Ich-Identität etc..)

3. Der Prozess der sozialen Organisation der Ich-Organismen in geographisch-historischen Einheiten (kollektive Raum-Zeit, kollektiver Lebensplan, Produktionsethos etc..)" (Erikson, 1966: S. 52 f.)

Menschliche Entwicklung ist bei Erikson ein lebenslanger Prozess, den er in 8 Phasen bzw. 8 Krisen aufteilt (ebd. S. 150f.), wobei das Wort ‚Krise' bei Erikson keine drohende Katastrophe andeutet, sondern die Bezeichnung für einen notwendigen Wendepunkt im Lebenszyklus darstellt. (vgl. Erikson 1980: S.12)

Diese aufeinander aufbauenden Krisen (siehe Abbildung 4), wobei jede Krise schon ihre Vorläufer in der Entwicklung hatte und diese nur im Zusammenhang mit dem Umkreis der Beziehungspersonen (Eltern, Gleichaltrige), den Bestandteilen der Sozialordnung (Gesetze, Wirtschaftsleben usw.) und den psychosozialen und psychosexuellen Modalitäten (z.B. Festhalten/ Loslassen in der analen Phase) verstanden werden können, müssen vom Individuum bewältigt werden, damit die angestrebte ‚Identität' entstehen kann. Dabei definiert Erikson ‚Identität' wie folgt:

„ […] eine persönliche Identität zu besitzen beruht auf zwei gleichzeitigen Beobachtungen: der unmittelbaren Wahrnehmung der eigenen Gleichheit und Kontinuität in der Zeit, und der damit verbundenen Wahrnehmung, dass auch andere diese Gleichheit und Kontinuität erkennen" (Erikson 1966: S.18).

Im Jugendalter ist die kognitive Entwicklung dann soweit ausgereift, dass sich der Heranwachsende erstmals gefühlsmäßig als eigenständig versteht- und wahrnehmen kann. Aus diesem Grunde ist die ‚Identitätskrise' in dieser Lebensphase besonders stark ausgeprägt. Der Jugendliche leidet in dieser Zeit unter einer doppelten Verunsicherung: 1. unter der massiven körperlichen Veränderung (schnelles Wachstum, Geschlechtsreife) und 2. unter den sozialen Anforderungen (Berufswahl > endgültige Selbstdefinition). (vgl. ebd.: S.110)

Die Jugendlichen entwickeln Abwehrmechanismen gegen die drohende ‚Identitätsdiffusion' (Unsicherheit über das eigene Selbst) indem sie beispielsweise „Cliquen bilden und sich selbst, ihre Ideale und ihre Feinde zu Stereotypen vereinfachen". (Ebd.: S. 111) Der Ausgang der ‚Adoleszenzkrise' bzw. das Gelingen der Sozialisation, also die konfliktfreie Integration in die Gesellschaft, ist bei Erikson offen. Diese könne sowohl zur ‚Identitätsdiffusion' als auch zu einer gefestigten Identität führen. (vgl. Hurrelmann 1985: S.63)

	1	2	3	4	5	6	7	8
I Säuglingsalter	Urvertrauen gegen Misstrauen				Unipolarität gegen Vorzeitige Selbstdifferenzierung			
II Kleinkindalter		Autonomie gegen Scham & Zweifel			Bipolarität gegen Autismus			
III Spielalter			Initiative gegen Schuldgefühl		Spielidentifikation gegen Phantasie-Identitäten			
IV Schulalter				Werksinn gegen Minderwertigkeitsgefühl	Arbeitsidentifikation gegen Identitätssperre			
V Adoleszenz	Zeitperspektive gegen Zeitdiffusion	Selbstgewissheit gegen peinliche Identitätsbewusstheit	Experimentieren mit Rollen gg Negative Identitätsauswahl	Zutrauen zur eigenen Leistung gg Arbeitslähmung	Identität gegen Identitätsdiffusion	Sexuelle Identität gegen bisexuelle Diffusion	Führungspolarisierung gegen Autoritätsdiffusion	Ideologische Polarisierung gegen Diffusion der Ideale
VI Frühes Erwachsenenalter					Solidarität gegen soziale Isolierung	Intimität gegen Isolierung		
VII Erwachsenenalter							Generativität gegen Selbstabsorption	
VIII Reifes Erwachsenenalter								Integrität gegen Lebensekel

Abbildung 4: Die acht Krisenstufen nach Erikson (vgl. Gudjons 2001: S. 116-117.)

Wenn man Eriksons Ausführungen folgt, dann geht es im Jugendalter um die Gewinnung einer psychosozialen Identität bzw. um die „Definition einer Person als einmalig und unverwechselbar durch die soziale Umgebung wie durch das Individuum selbst." (Oerter/Montada 1997: S. 296)

Dieser Prozess braucht natürlich seine Zeit. In ihm muss die Kindheit verarbeitet, sowie ein Blick in die Zukunft gewagt werden. Somit entsteht „eine Art Schlachtfeld der Gefühle, auf dem Vergangenheit und Zukunft um ihre jeweiligen Rechte ringen." (Kaplan, 1988: S. 43)

Für die Identitätsbildung in Anlehnung an Erikson sind, laut Lenzen, folgende drei zentralen Aspekte wesentlich:

1. „Die Unterschiedlichkeit der Rollen [...] muss so bewältigt werden, dass die Jugendlichen das Gefühl der Kohärenz haben [...].

2. Zum anderen müssen die persönlichen Leitbilder, Werte und Normen [...] mit den in der Gesellschaft geltenden vermittelt werden, auch wenn diese ‚ideologischen' (hier verstanden als die gesellschaftlichen Interessen und Ordnungen legitimierten) Charakter haben.

3. Und schließlich muss so etwas entstehen wie ein biographisches Bewusstsein. Die Ereignisse des eigenen Lebens werden in eine Abfolge und in einen ersten sinnvollen Zusammenhang gebracht, ein erstes Verständnis für ‚mein' individuelles Leben in dieser einmaligen historisch-gesellschaftlich-sozial-kulturellen Situation entsteht." (Lenzen, 1989, Bd. 2: S. 802)

Damit diese Aspekte auch gelingen, haben Jugendliche, so meint Erikson, eine Art „Moratorium" als Experimentier- und Probehandeln zur Verfügung. Mit Hilfe dessen können Rollen ergriffen und wieder aufgegeben werden, und es können Möglichkeiten der Identität durchgespielt werden. (vgl. Zinnecker, 2000: S. 36-38) Damit werden auch die zahlreichen Versuche Jugendlicher verständlich, sich über bestimmte Subkulturen (Musik, Kleidung, Abzeichen, Symbole, Filme) zu definieren.

Wie bereits erläutert, findet in der Spanne zwischen 12 und 16 Jahren eine Reihe von tiefgreifenden Veränderungen in der Entwicklung der Jungen und Mädchen statt. In diesem Zeitraum durchlaufen die Jugendlichen die Phase der Pubertät, die neben der geschlechtlichen Entwicklung in hohem Maße mit dem Aufbau und der Festigung einer Identität verbunden ist. Das Verhalten gegenüber dem anderen Geschlecht, die Abgrenzung der „eigenen" Gruppe gegen „die Anderen", ideologische Perspektiven und Vorbilder gewinnen in diesem Lebensabschnitt an Bedeutung. (vgl. Erikson 1979)

Für die Altersfreigaben der FSK bedeutet dies, dass sich Jugendliche in einer sehr aufwühlenden Phase befinden, in der sich ihre Identität positiv oder auch negativ entwickeln kann. (vgl. Gudjons, 2001: S. 135)

Wo auf der einen Seite 12-Jährige noch unsicher im Umgang mit ihren unterschiedlichen Rollen sind, ihre Ich-Identität noch nicht entwickelt wurde, noch kein biographisches Bewusstsein entstanden ist und ihr Denken in weiten Teilen noch kindliche Züge aufweist, so stecken 14-Jährige gewissermaßen schon inmitten dieses Prozesses der Identitätsentwicklung. Sie besitzen schon ein „Moratorium" zum Experimentier- und Probehandeln und haben Cliquen gebildet, in denen sie sich über ihre Probleme austauschen können. Somit kann vermutet werden, dass 14-Jährige auch bereits einen viel sichereren Umgang mit Medien besitzen, Filmgenres gut voneinander unterscheiden können, die Dramaturgie eines Films nachvollziehen können, filmische Gestaltungsmittel und Ironie erkennen und Ängste durch den guten Ausgang der Konfliktsituation abbauen. Zudem besitzen Jugendliche in diesem Alter „bereits relativ gefestigte Verhaltensgrundmuster und Einstellungen, die nicht ohne weiteres durch Medieninhalte veränderbar sind. Die Unterscheidungsfähigkeit zwischen eigener Realität und der Film- und Fernsehwelt ist so weit fortgeschritten, daß eine einseitige Orientierung an Figuren oder Handlungsmustern eher unwahrscheinlich ist." (Grün u.a. 1996: S. 11-12) Nach der Sichtung eines Films kann und wird zudem noch ausgiebig in den genannten Cliquen über die Filminhalte gesprochen.

Demzufolge könnte darüber nachgedacht werden, die 12er-Freigabe zugunsten einer 14er-Freigabe abzuändern.

Auf der anderen Seite befinden sich Jugendliche in diesem Alter in einer Phase, in der sie noch sehr beeinflussbar sind und die Gefahr der Bildung einer ‚negativen

Identität' oder gar einer 'Identitätsdiffussion' existiert. Hier können auch Filme, beispielsweise Filme, in denen Gewalt von Identifikationsfiguren ausgeübt und als erfolgreiches Mittel der Konfliktlösung propagiert oder zum Selbstzweck eingesetzt wird, mitunter desorientierend auf Jugendliche wirken, da sie sich allmählich vom Elternhaus lösen und für alternative Wertvorstellungen und Lebensweisen - und hier auch für (Teil-) Angebote und Modelle aus Filmen - durchaus empfänglich sind. Aus diesem Grund sollte man die bisherige höchste Freigabegrenze „keine Jugendfreigabe" bei einer möglichen Novellierung der Altersfreigaben nicht ganz aus den Augen verlieren.

- *Kritik an Eriksons psychologischem Modell*

Die zentrale Aussage der Theorie von Erikson ist, dass der Mensch ständig dabei ist, Konflikte bzw. Anforderungen und Probleme in phasenhaften Situationen zu lösen, „um im psychologischen Sinne am Leben zu bleiben." (Erikson, 1966: S.56) Ziel der Entwicklung ist, insbesondere was die 'Adoleszenzkrise' des Jugendlichen betrifft, eine gefestigte Identität zu erlangen und damit eine gelungene Sozialisation bzw. Integration zu ermöglichen. Er führt auf, was 'gelungene' Sozialisation bzw. Integration in die Gesellschaft voraussetzt: Erstrebenswert ist eine Identität, die bereit und fähig ist, „unvorhergesehene Chancen zu ergreifen und sich dem Wechsel von Boom und Baisse,[…] Mobilität und Sesshaftigkeit anzupassen." (A.a.O.: S. 112) Damit wird deutlich, dass Erikson 'gelungene Sozialisation' als die reibungslose Integration in die bestehenden Gesellschaftsverhältnisse westlich geprägter, arbeitsteiliger Industriegesellschaften bzw. den nordamerikanischen Verhältnissen für 'gelungen' ansieht. Dieses Gesellschaftssystem als solches wird von ihm jedoch nicht hinterfragt und somit unkritisiert vorausgesetzt. Weicht ein Subjekt in seiner Entwicklung von diesen Verhältnissen ab, so ist seine Sozialisation bzw. Integration misslungen. Diesem Vorwurf schließen sich mehrere Sozialisationstheoretiker einheitlich an. (vgl. Hurrelmann 1985: S.199)

Andere Randfaktoren, die den Sozialisationsprozess beeinflussen könnten, wie der geschlechtsspezifische Aspekt oder die verschiedenen sozialen Schichten, werden von ihm nicht weiter betrachtet.

Eine weitere Kritik an Eriksons Identitätskonzept richtet sich - wenn man versucht die umfangreiche Kritik zu bündeln - an die fehlende gesellschaftliche Basis. „Zu fragen ist letztlich, ob wir von Erikson und seinem Identitätskonzept nicht endgültig Abschied nehmen müssen, weil ihm die gesellschaftliche Basis abhanden gekommen ist." (Keupp, 1988: S. 431)

Schließlich sollte man das Modell von Erikson als ein heuristisches Modell betrachten, welches helfen kann, mit seinen Hypothesen die menschliche Entwicklung und mögliche Fehlentwicklungen besser zu verstehen, jedoch sollte man dieses Modell nicht ontologisieren und damit überschätzen.

Keupp brachte die Kritik an Eriksons Identitätsforschung auf den Punkt, indem er formulierte:

„Die aktuelle Identitätsforschung, die sich an Erikson abarbeitet, ist deshalb sinnvollerweise nicht als Dekonstruktion von Identität zu verstehen, sondern als kritische Überwindung jenes zeitspezifischen Postulats nach Passungsformen zwischen Subjekt und Gesellschaft, die für ihn die empirischen Bezugspunkte seiner Theorie waren und die sich möglicherweise verändert haben." (Keupp, 1999: S. 54)

3.2.4. Die moralische Entwicklung von Kindern und Jugendlichen aus der Sicht von Kohlberg

Zu den elementarsten Entwicklungsmodellen gehört zweifelsohne auch das Modell der moralischen Entwicklung von Lawrence Kohlberg (1927-1987).

Kohlberg wurde durch Piagets Forschungen angeregt, diese auszudifferenzieren. Piaget definierte Moral - sich auf Kant sowie Durkheim berufend - als ein *System von Regeln*, wobei der Kern jeder Sittlichkeit in der Achtung besteht, die das Individuum für diese Regeln empfindet (vgl. Piaget, 1983: S. 23). Aufgrund einer umfangreichen Untersuchung, bei der er 5- bis 13-jährige Kinder nach der Herkunft von Spielregeln, nach der gerechten Verteilung von Gütern und Pflichten und der Gerechtigkeit unterschiedlicher Strafen für ein Vergehen befragte, unterschied Piaget zwei Stufen der moralischen Entwicklung:

„(1) das Stadium der Heteronomie, in dem die Regeln durch Autoritäten gesetzt werden, die auch berechtigt sind, Abweichungen zu betrafen;

(2) das Stadium der Autonomie, in dem die Heranwachsenden selbst mitentscheiden, was gut und richtig ist, in dem sie die Gebote und Verbote vereinbaren und über angemessene Strafen eigene Urteile bilden [...]" (Montada, 2002: S. 629).

- *Stadien der Moralentwicklung*

Aufbauend auf Piagets Modell entwickelte Kohlberg ein differenzierteres Stufenmodell mit drei Hauptniveaus und sechs Stadien moralischen Verhaltens. Er legte Kindern und Jugendlichen eine Reihe von hypothetischen moralischen Konfliktsituationen vor, etwa, ob man ein teures Medikament stehlen darf, um den Tod seiner eigenen Frau abzuwenden (vgl. Kohlberg, 1974, Kegan, 1991: S. 79 ff.) und ordnete die Reaktionen den einzelnen Stufen bzw. Stadien zu. Kohlbergs „Interesse galt vielmehr der Entwicklung von Begründungen normativer Urteile und den Orientierungen, die diese Urteile leiten. Die Begründungen der Normen – so meinte er – kann man nicht besser studieren als anlässlich moralischer Dilemmata, d.h. den Konflikten zwischen zwei moralischen Normen." (Montada, 2002: S. 636)

In seiner Theorie wendet Kohlberg Piagets Grundgedanken der geistigen Entwicklung auf den Bereich der Moral an. So führt er diese folgendermaßen fort:

„Da moralisches Denken natürlich auch Denken ist, hängt fortgeschrittenes moralisches Denken von fortgeschrittenem logischen Denken ab" (Colby & Kohlberg 1986, S. 142). Dies bedeutet, dass die eigentliche Moralentwicklung erst mit dem Ende der von Piaget beschriebenen Phase des voroperationalen Denkens beginnt. Bestimmte Schritte in der Denkentwicklung müssen demnach bereits vollzogen sein, damit die moralische Entwicklung beginnen kann. Hierbei betont Kohlberg jedoch, dass fortgeschrittenes logisches Denken zwar notwendig erscheint, jedoch nicht zugleich als Garantie für ein höheres moralisches Stadium gelten kann. (vgl. ebd.) Im Gegensatz zu Piaget hat Kohlberg seinen Stufen somit keine speziellen Altersangaben zugeschrieben, nicht zuletzt aus zuvor genanntem Grund.

Die gleiche Beziehung wie zwischen kognitiver Entwicklung und Moralentwicklung - notwendige aber nicht hinreichende Bedingung -, besteht auch zwischen einzelnen Stadien der Perspektivenübernahme und den moralischen Entwicklungsstufen. Ohne die Fähigkeit der Rollenübernahme, die Fähigkeit sich in andere Menschen und deren Intentionen hineinzuversetzen, können keine moralischen Urteile auf höheren Ebenen gefällt werden. (vgl. Colby & Kohlberg 1986, S. 155) Daraus kann man folgern: Je differenzierter die Fähigkeit der Perspektivenübernahme ausgeprägt ist, desto durchdachter können moralische Urteile und Handlungen ausfallen. Nach Kohlberg ist „die Vorstellung von Stufen im wesentlichen eine *idealtypische Konstruktion*, die dazu bestimmt ist, verschiedene psychologische Organisationen an verschiedenen Punkten der Entwicklung darzustellen." (Kohlberg 1964, S. 54)

Anzumerken sei hier, dass Georg Lind, der mit Kohlberg zusammengearbeitet hatte, die Methoden und Theorien Kohlbergs in Rahmen eigener Interventionsstudien und Lehrerfortbildungsprogrammen noch weiter ausgearbeitet hat. (vgl. Lind, 1983, 2002)

Gerade in der Hinsicht, dass die eigentliche Moralentwicklung, folgt man Kohlbergs Modell (siehe Abbildung 5), erst mit dem Ende der von Piaget beschriebenen Phase des voroperationalen Denkens beginnt, also - wenn man in diesem Zusammenhang eine Altersangabe wagen würde - dann frühstens mit 7 Jahren und außerdem höhere moralische Urteile erst gefällt werden können, wenn die Fähigkeit der Perspektivübernahme gewährleistet ist - ebenfalls erst beginnend im Alter von 7 bzw. 8 Jahren (vgl. Kapitel 3.2.2.) -, so deutet sich auch hier an, das die bisherige 6er-Freigabe zugunsten einer 9er oder 10er-Freigabe abgelöst werden müsste, bei der sich ein moralisches Urteil zu festigen beginnt. Folgt man beispielsweise Fittkaus Erläuterungen, so können Kinder erst mit etwa 9 Jahren das zweite Niveau der Moralentwicklung erreichen. (vgl. Fittkau 1983: S. 411)

Gerade in vielen Kinderfilmen, die eine Freigabe ab 6 Jahren erhielten (z.B. ‚Harry Potter und der Stein der Weisen' und ‚Harry Potter und die Kammer des Schreckens') gehört schon ein differenziertes moralisches Urteilsvermögen dazu, um das Handeln der Protagonisten im Film richtig einordnen zu können.

Niveau A: Präkonventionelles Niveau (die meisten Kinder unter 9 Jahren)

Stufe		Definition	Exemplarische Maxime
1	Die heteronome Stufe.	Gut ist der blinde Gehorsam gegenüber Vorschriften und gegenüber Autorität, Strafen zu vermeiden und kein körperliches Leid zu erdulden.	"Macht ist Recht!"
2	Die Stufe des Individualismus, des Zweck-Mittel-Denkens und des Austausches.	Gut ist es, eigenen oder anderen Bedürfnissen zu dienen und im Sinne des konkreten Austausches fair miteinander umzugehen.	"Eine Hand wäscht die andere!"

Niveau B: Konventionelles Niveau (die meisten Jugendlichen und Erwachsenen)

Stufe		Definition	Exemplarische Maxime
3	Die Stufe gegenseitiger interpersoneller Erwartungen, Beziehungen und interpersoneller Konformität.	Gut ist es, eine gute (nette) Rolle zu spielen, sich um andere zu kümmern, sich Partnern gegenüber loyal und zuverlässig zu verhalten und bereit zu sein, Regeln einzuhalten und Erwartungen gerecht zu werden.	"Was du nicht willst, daß man dir tut, das füg' auch keinem andern zu!"
4	Die Stufe des sozialen Systems und des verlorenen Gewissens.	Gut ist es, seine Pflichten in der Gesellschaft zu erfüllen, die soziale Ordnung aufrecht zu erhalten und für die Wohlfahrt der Gesellschaft Sorge zu tragen.	"Ruhe ist die erste Bürgerpflicht!"

Niveau C: Postkonventionelles Niveau (einige Erwachsene über 20 Jahre)

Stufe		Definition	Exemplarische Maxime
5	Die Stufe des Sozialvertrags oder des Nutzens für alle und der Rechte des Individuums.	Gut ist es, die Grundrechte zu unterstützen sowie die grundsätzlichen Werte und Verträge einer Gesellschaft, auch wenn sie mit den konkreten Regeln und Gesetzen eines gesellschaftlichen Subsystems kollidieren.	"Eigentum verpflichtet. Sein Gebrauch soll zugleich dem Wohle der Allgemeinheit dienen."
6	Die Stufe der universalen ethischen Prinzipien.	Gut ist es, ethische Prinzipien als maßgebend zu betrachten, denen die ganze Menschheit folgen sollte.	"Handle nur nach der Maxime, von der du wollen kannst, daß sie allgemeines Gesetz wird!"

Abbildung 5: Kohlbergs Theorie der Moralentwicklung (Vgl. Fittkau 1983: S. 411)

- *Kritik an Kohlbergs Stadien der Moralentwicklung*

„Ohne Zweifel gehört die Theorie der moralischen Entwicklung von Lawrence Kohlberg zu den zentralen Themen der aktuellen entwicklungspsychologischen Diskussion. Diese Diskussion reicht inzwischen in die Sozialpsychologie, die Pädagogische Psychologie, die psychologische Methodenlehre und aufgrund der praktischen Bedeutung des Kohlberg-Modells natürlich in die Pädagogik hinein. Die Gründe für die Popularität des Kohlberg-Modells sind leicht genannt: das Modell hat den Charakter einer Konkretisierung der Theorie Piagets, es ist sehr plausibel und es erscheint als praktikabel. Sehr früh schon wurde aber Kohlbergs Modell der Moralentwicklung einer gründlichen Methodenkritik unterzogen. Nicht nur unter diesem Eindruck ist Kohlbergs Modell nicht nur auf begeisterte Zustimmung, sondern auch auf Ablehnung gestoßen." (Lück, 1991: S. 5)

Kohlberg selbst war ständig um eine Weiterentwicklung seiner Theorie bemüht und revidierte die einzelnen Stufen im Laufe seiner Forschung mehrere Male. Seine Stufentheorie der Moralentwicklung leistete dennoch unumstritten einen sehr bedeutenden Beitrag zur Moralerziehung und spielt bis heute eine zentrale Rolle in der Pädagogik und Entwicklungspsychologie. In einem 1984 veröffentlichen Buch mit Stellungnahmen und Antworten zu Kritiken, gibt Kohlberg Folgendes bekannt: „Man kann die Entwicklung des moralischen Gedankengangs nicht untersuchen, ohne irgendeine Annahme, was es heißt, moralisch zu sein, und ohne die Annahme, dass Moralität eine wünschenswerte und keine wertneutrale Sache ist." (Kohlberg, zitiert nach Franz 1996: S. 9) So betont er insbesondere, dass der von ihm gewählte Weg, die Suche des Wesens der Moral im universalen Gerechtigkeitsprinzip in Tradition der Kantschen Ethik, selbstverständlich nur einer von vielen möglichen Wegen zur Bestimmung von Moralität ist.

Kohlbergs theoretisches Modell der Moralentwicklung umfasst, wie gesagt, sechs Entwicklungsstufen. In empirischen Untersuchungen sowie pädagogischen Umsetzungen der Theorie spielt jedoch die höchste Stufe zum Beispiel keine nennenswerte Rolle. So erreichen Schulkinder in entsprechenden Tests kaum das Niveau der vierten Stufe. (vgl. Oser/Althof, 1992: Tabelle S. 79) In der theoretischen Diskussion hingegen vertritt Kohlberg die These, dass der Gipfel jeder Moralentwicklung durch den auf Stufe 6 erreichten Zustand beschrieben wird. Dieses wurde sehr häufig kritisiert. (vgl. Garz, 1992: S. 283ff.)

Schließlich bleibt zu sagen, dass die Theorie Kohlbergs bislang auf ebenso enthusiastische Zustimmung wie entschiedene Ablehnung gestoßen ist. So findet zum Beispiel einerseits Bandura (1979), die Vorstellung moralischer Stufen höchst überflüssig (vgl. Bandura, 1979: S. 51ff.), aber andererseits hat insbesondere im Bereich der Pädagogik die Theorie Kohlbergs, wie bereits erwähnt, große Resonanz gefunden. (vgl. u.a. Dickopp, 1983, 457ff.)

3.2.5. Ergebnisse der Entwicklungspsychologie. Was folgt daraus für die Altersfreigaben?

Bevor die Ergebnisse aus dem Kapitel zur Entwicklungspsychologie zusammengetragen werden und bezogen auf die Altersfreigaben der FSK im Folgenden zusammengefasst werden, muss vorausgeschickt werden, dass durch die drei unterschiedlichen entwicklungspsychologischen Modelle von Piaget, Erikson und Kohlberg allenfalls Segmente aus einer Vielzahl auch durchaus aktuellerer Theorien zur kognitiven, moralischen oder Identitäts-Entwicklung von Kindern und Jugendlichen betrachtet worden sind und diese Segmente auch nur sehr komprimiert dargestellt werden konnten.

Nichts desto trotz gewähren die Modelle eine gute Diskussionsgrundlage zur Debatte um die Altersfreigabengrenzen der FSK.

Für die Auswahl dieser drei grundlegenden Modelle von Piaget, Erikson und Kohlberg spricht, dass man durch sie einen differenzierteren Blick für drei ungleiche, aber doch im Zusammenhang stehende Facetten der kindlichen bzw. jugendlichen Entwicklung erhält, die gerade für die Beurteilung von Filmen und die damit zusammenhängende Rezeptionsfähigkeit von Kindern und Jugendlichen wichtig ist.

Gudjons (2001) hat die drei entwicklungspsychologischen Modelle vorsichtig versucht, in Beziehung zueinander zu setzen, indem er sagte:

„Alle drei Modelle haben sehr unterschiedliche wissenschaftliche Voraussetzungen [...]. Man kann sie nicht einfach ‚nebeneinander legen'. Und doch haben sie Berührungspunkte. Moralisches Urteilen (Kohlberg) ist z.B. gebunden an kognitive Voraussetzungen (Piaget): Erst wer formale Operationen vollziehen kann, kann postkonventionelle moralische Urteile fällen. Oder: Sowohl das Denken als auch das moralische Urteil sind verbunden mit der bisher erworbenen Identität und der produktiven Lösung von Krisen (Erikson)." (Gudjons, 2001: S. 125)

Versucht man die Erkenntnisse zu den drei Modellen im Zusammenhang zu betrachten, so könnte sich für die Altersfreigaben der FSK folgendes Bild ergeben:

1. Für eine Ersetzung der Altersfreigabe „ab 6 Jahren" zugunsten einer Alterfreigabe „ab 9 bzw. 10 Jahren" spricht zum einen, dass Kinder in einem fortgeschrittenen Kindesalter sicherer die Beziehung des Teils zum Ganzen und dadurch den Gesamtkontext von einem Film besser verstehen können und Kinder in diesem Alter einen wesentlich kompetenteren Umgang mit dem Medium Film besitzen (siehe Kap. 3.2.2.). Zum anderen haben 6-jährige im Gegensatz zu älteren Kindern noch nicht die Fähigkeit der Perspektivenübernahme entwickelt und erst mit 9 bzw. 10 Jahren beginnt sich das moralische Urteil zu festigen. (siehe Kap. 3.2.4.). Dieses hat insofern Auswirkungen auf die Filmrezeption, als dass ältere Kinder sich einerseits sehr gut in die agierenden Personen im Film hineinversetzen können, jedoch trotzdem die nötige Distanz zum Filmgeschehen herstellen können, da sie recht sicher Direktrealität von Medienrealität unterscheiden können (vgl. Kap. 3.2.1.) und außerdem das Handeln der „Helden" im Film moralisch sicher einordnen können. (Bsp.: „Harry Potter")

2. Für eine Ersetzung der Altersfreigabe „ab 12 Jahren" zugunsten einer Altersfreigabe „ab 14 Jahren" spricht, dass für die noch sensible und kognitiv, wie emotional nicht so gefestigte Gruppe der 12-Jährigen das „Probehandeln" und „Probefühlen" noch nicht sicher beherrscht wird und das Erleben von „Angstlust" und „Spannung" ebenfalls nicht souverän durchschaut und gefahrlos erlebt werden kann, dieses aber häufig in aktuellen Kinoproduktionen vorausgesetzt wird und für Jugendliche mitunter treibender Antriebsfaktor ist, sich Filme im Kino anzuschauen.

(siehe Kap. 3.2.2.). 14-jährige besitzen hingegen schon ein „Moratorium" zum Experimentier- und Probehandeln, haben Cliquen gebildet und sind dabei, ihre Ich-Identität, sowie ein biographisches Bewusstsein zu entwickeln (siehe Kap. 3.2.3.). Zudem besitzen sie schon die Fähigkeit, sich zahlreiche Möglichkeiten vorstellen zu können, die einer bestimmten Situation innewohnen (vgl. Kap. 3.2.2.), welches ihnen hilft, beispielsweise komplexere Filme, in denen mit unterschiedlichen Filmgenres jongliert wird oder in denen „genretypische Gewalttätigkeit" vorkommt (Bsp.: ‚Herr der Ringe', ‚Troja', die Comicverfilmungen), zu verstehen.

3. Für eine Beibehaltung der höchsten Altergrenze „keine Jugendfreigabe" spräche, dass sich Jugendliche allmählich vom Elternhaus lösen und für alternative Wertvorstellungen und Lebensweisen - und hier auch für (Teil-) Angebote und Modelle aus Filmen - durchaus empfänglich sind, die aber nicht immer erstrebenswert sind (siehe Kap. 3.2.3.) und es durchaus Filme gibt, die auch auf 16-Jährige desorientierend wirken können. (Bsp: "Natural Born Killers", "Irreversibel")

3.3. Zusammenfassung

Auf der einen Seite hat sich das Rezeptionsverhalten der Kinder und Jugendlichen in den letzten 50 Jahren gravierend verändert, was nicht zuletzt aufgrund einer sich radikal veränderten „Medienwelt" zurückzuführen ist.

Auf der anderen Seite lassen sich aus den „Berührungspunkten" der drei Modelle von Piaget, Erikson und Kohlberg, wie Gudjons es beschreibt, sowie aus den Erkenntnissen der Medienwirkungsforschung (Kap. 3.1.) Tendenzen hinsichtlich neuer Altersfreigabegrenzen erkennen.

Hierbei könnte die Debatte vor allem in die Richtung gehen, dass man über eine Ergänzung um eine Freigabe „ab 10 Jahren" und eine Ersetzung der Freigabe „ab 12 Jahren" zugunsten einer Freigabe „ab 14 Jahren" diskutiert.

Weiterführende Begründungen einer solchen neuen Einteilung sind, dass sowohl mit 10 Jahren (Verlassen der Grundschule, Beitritt weiterführender Schulen), als auch mit 14 Jahren (Beginn der Straf- und Religionsmündigkeit) auch ein biographischer Schnitt bei den Kindern und Jugendlichen erfolgt.

Somit könnte sich folgende neue Stufenbildung ergeben: „ohne Altersbeschränkung", „ab 6 Jahren", „ab 10 Jahren", „ab 14 Jahren" und „keine Jugendfreigabe".

Die einzelnen Altersgruppen hätten auch jeweils einen 4-Jahresabstand zueinander , sodass auch eine halbwegs sichere Überprüfung des Alters seitens des Kinopersonals erfolgen könnte.

4. Die Altersfreigaben der FSK auf dem Prüfstand. Meinungen und Analysen aus der Prüfpraxis.

Nachdem nun im ersten Teil der Diplomarbeit die FSK in ihren Zusammenhängen dargestellt wurde und im zweiten Teil ein „theoretisches Gerüst" entwickelt wurde, welches medienpädagogische bzw. medienwissenschaftliche und entwicklungspsychologische Argumentationsmöglichkeiten für eine eventuelle Differenzierung der Altersfreigaben der FSK geliefert hat, versucht der dritte Teil der Arbeit eine Einsicht in die Prüfpraxis der FSK zu geben.

Hierbei wurden fünf Prüfer - jeweils ein Vertreter der Film- und Videowirtschaft, ein Ständiger Vertreter der FSK, ein Vertreter des Jugendmedienschutzes und zwei Vertreter der öffentlichen Hand (evangelische und katholische Kirche) - ausgewählt und interviewt.

In diesen Experteninterviews sollten die Prüfer einerseits die aus ihrer Sicht wesentlichen Kriterien der einzelnen Freigabestufen darlegen und zum anderen dazu Stellung nehmen, ob und inwieweit sie neue Altersfreigabegrenzen für sinnvoll halten.

Zunächst führt das Kapitel in die gewählte Methode der „Experteninterviews" ein.

Anschließend werden die Prüfer selbst und deren Ansichten kurz zusammenfassend und tabellarisch dargestellt, um hinterher die Maßstäbe, Kriterien und Bestand der Altersfreigaben aus Sicht der „Experten" ausführlich und thematisch geordnet zu betrachten und sie miteinander vergleichen zu können.

Zum Schluss soll versucht werden, aus den dargestellten und verglichenen Ergebnissen und den in Kapitel 2 herausgearbeiteten theoretischen Erkenntnissen einen Zusammenhang erkennen zu lassen, der ggf. neue Altersfreigabegrenzen für folgerichtig erachtet.

4.1. Zur qualitativen Methode der „Experteninterviews".

Die im Folgenden durchgeführten und zu analysierenden Experteninterviews lassen sich zu der Gruppe der qualitativen Interviews in der Sozialforschung zuordnen, bilden jedoch einen eigenen Interviewtyp, denn „in zentralen Punkten unterscheidet sich dieses [...] vom narrativen, vom fokussierten, vom problemzentrierten, vom biographischen Interview usw." (Meuser/Nagel, 2003: S. 482)

Häufig wird das Experteninterview in der pädagogischen Forschung im Rahmen der Evaluationsforschung eingesetzt und es werden „Entscheidungsträger aus Politik, Wirtschaft, Verbänden, Ausbildungsinstitutionen, aber auch Praktiker vor Ort [...] für die Datengewinnung rekrutiert". (A.a.O.: S. 481)

Bei Experteninterviews handelt es sich insgesamt „um die Erfassung von praxisgesättigtem Expertenwissen, des know how derjenigen, die die Gesetzmäßigkeiten und Routinen, nach denen sich ein soziales System reproduziert, enaktieren, [...] aber auch der Erfahrungen derjenigen, die Innovationen konzipiert und realisiert haben." (Ebd.)

Sehr vereinfacht ausgedrückt meint ein Experteninterview „jemanden zu seinem/ihrem Wissen [zu] interviewen" (Mieg, 2001: S. 7)

Jedoch findet die Methode des Experteninterviews als besonderes Verfahren in den Hand- und Lehrbüchern zur qualitativen Sozialforschung kaum Beachtung und es kann auch nicht einfach auf die vielfältige Literatur zum qualitativen Interview zurückgegriffen werden. (vgl. A.a.O.: S. 482)

Gemeinhin gilt das Experteninterview als ein wenig strukturiertes Erhebungsinstrument, das meist zu explorativen Zwecken eingesetzt wird. (vgl. Atteslander 1984; Schnell/Hill/Esser 1989)

Die Basis eines durchzuführenden Experteninterviews bildet ein flexibel zu handhabender Interviewleitfaden. Dieser Leitfaden beinhaltet ein „mehr oder weniger grob strukturiertes schriftliches Frageschema, welches dem Interviewer bei der Interviewführung als Gedächtnisstütze dient. Es sollte sowohl sämtliche wichtigen Fragen enthalten, als auch Orientierung bieten, wie die Frageblöcke eingeleitet werden und die Überleitungen erfolgen." (Mieg, 2001: S. 13)

Demnach wird eine leitfadengestützte offene Interviewform als ein angemessenes Erhebungsinstrument in diesem Zusammenhang benannt. (vgl. Meuser/Nagel, 2003: S. 486)

Über die Rolle der Experten und die Frage, welche Kriterien diese erfüllen müssen, um als Experte zu fungieren, herrscht in den Sozialwissenschaften wenig Einigkeit. (vgl. Meuser/Nagel, 2003: S. 483 ; Mieg, 2003 : S. 5)

Somit werden Begriffe wie ‚Experte', ‚Berater' oder ‚Gutachter' oft wie Synonyme gebraucht und den Experten werden dann die Laien, Betroffene bzw. Novizen gegenübergestellt. (vgl. Mieg, 2001: S. 5)

Seit dem Aufsatz über den „gut informierten Bürger" von Alfred Schütz (1972) existiert „eine wissenssoziologische Diskussion über den Unterschied von Experte und Laie, über das Verhältnis beider zum Spezialisten und zum Professionellen sowie über die jeweils unterschiedlichen Formen des Wissens: Sonderwissen, Geheimwissen, implizites Wissen." (Meuser/Nagel, 2003: S. 483)

Jemand wird zu einem Experten in seiner und durch seine Befragtenrolle (vgl. Walter, 1994: S. 271) und weil man begründet annehmen kann, dass die zu interviewende Person über Wissen verfügt, welches sie zwar nicht alleine besitzt, das jedoch nicht jedermann in dem interessierenden Handlungsfeld zugänglich ist. Auf diesen Vorsprung an Wissen zielt das Experteninterview. (vgl. Ebd.)

Schließlich kommt jemand als Experte in Betracht, „wer sich durch eine ‚institutionalisierte Kompetenz zur Konstruktion von Wirklichkeit (Hitzler/Honer/Maeder 1994) auszeichnet." (Meuser/Nagel, 2003: S. 484)

Und Experte ist man nur auf einem abgegrenzten Gebiet. Auch Schütz (1972) bestimmte Expertenwissen schon als ein begrenztes, jedoch in der Begrenzung dem Experten klar und deutlich verfügbares Wissen. (vgl. Schütz, 1972: S. 87)

Sprondel (1979) arbeitete den Expertenbegriff von Schütz weiter aus, indem er den Experten als *Verwalter von Sonderwissen* bezeichnet, allerdings aus seiner Sicht nicht jedes Sonderwissen bereits Expertenwissen sei, sondern nur solches, welches sich als „sozial institutionalisierte Expertise fassen lässt und das vornehmlich an eine Berufsrolle gebunden ist." (vgl. Sprondel, 1979: S. 141)

Mieg (2001) hat versucht drei zentrale Elemente zur Expertenkompetenz aufzuzeigen:

1. die geringe Bedeutung von persönlichen Generalfähigkeiten für die Expertenleistung

2. die strikte Bereichsabhängigkeit der Expertenleistung

3. die langjährige Erfahrung: es gilt in etwa eine 10-Jahres-Regel.

(Mieg, 2001: S. 6)

Infolgedessen versteht Mieg im Zusammenhang mit dem Experteninterview unter einem Experten „jemand, der/die aufgrund von langjähriger Erfahrung über bereichsspezifisches Wissen/Können verfügt." (Ebd.)

Bei der Planung und Durchführung von Experteninterviews ist es unabdingbar, „sich vorab über Regeln, Bestimmungen, Gesetzesgrundlagen, Pressestimmen zu informieren und dadurch das Thema, das Gegenstand des Interviews sein soll, zu dimensionieren" (Meuser/Nagel, 2003: S. 486), um daraus anschließend eine leitende Forschungsfrage zu entwickeln.

„Die Auswahl der zu interviewenden ExpertInnen geschieht in Kenntnis der Organisationsstrukturen, Kompetenzverteilungen, Entscheidungswege des jeweiligen Handlungsfeldes." (Ebd.)

Bei der Durchführung des Experteninterviews ist anschließend darauf zu achten, dass „der Experte im Fragesteller bzw. Interviewer einen halbwegs kompetenten Gesprächspartner sieht. Das bedeutet, dass der Interviewer die Fachausdrücke und Grundaussagen in dem Fachgebiet des Experten kennen muss." (Mieg, 2003: S. 5. Siehe Abbildung 6)

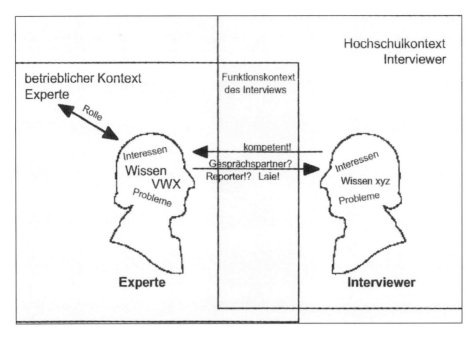

Abbildung 6: Experte versus Interviewer (Mieg 2001, S. 5)

Nach Meuser und Nagel (2003) ist „eine flexible, unbürokratische Handhabung des Leitfadens im Sinne eines Themenkomplexes und nicht im Sinne eines standardisierten Ablaufschemas" sinnvoll. (Meuser/Nagel, 2003: S. 487)

Bei der Auswertung von Experteninterviews ist darauf zu achten, dass man sich „an thematischen Einheiten, an inhaltlich zusammengehörigen, über die Texte verstreuten Passagen, nicht an der Sequenzialität von Äußerungen je Interview" (A.a.O.: S. 488.) orientiert und „die Äußerungen der ExpertInnen von Anfang an im Kontext ihrer institutionell-organisatorischen Handlungsbedingungen verortet." (Ebd.)

Es folgen die *Transkription*, die *Paraphrase* und das *Kodieren* der Interviews, wobei mit dem Kodieren hier die thematische Ordnung der paraphrasierten Passagen gemeint ist. (vgl. Ebd.)

Nun folgt der *thematische Vergleich*, bei dem vergleichbare Textpassagen aus den verschiedenen Interviews thematisch gebündelt werden. Bei der anschließenden *soziologischen Konzeptualisierung* „erfolgt eine Ablösung von den Texten und auch von der Terminologie der Interviewten. Gemeinsamkeiten und Differenzen werden – im Rekurs auf theoretische Wissensbestände – begrifflich gestaltet." (Meuser/Nagel, 2003: S. 489)

Abschließend versucht man die entstandenen Kategorien in ihrem internen Zusammenhang theoretisch aufzuordnen (*Theoretische Generalisierung*).

„Bei diesem rekonstruktiven Vorgehen werden Sinnzusammenhänge zu Typologien und zu Theorien verknüpft." (Ebd.)

4.2. Die „Experten". Eine pluralistische Zusammensetzung.

Im Folgenden werden die Befragten tabellarisch in ihrer Funktion und ihren Argumentationsschwerpunkten hinsichtlich der Freigabekriterien der FSK, ihrer Haltung zu der PG-Regelung, ihrer Meinung zu Gewaltdarstellungen in Filmen und den zugehörigen Medienwirkungstheorien sowie ihren Ansichten zu einer möglichen Novellierung der bisherigen Altersfreigabestufen kurz und zusammenfassend vorgestellt.

Hieraus lässt sich zum einen ein deutlicheres Bild der einzelnen Experten erschließen und zum anderen verdeutlicht es die einzelnen Positionen, wie sie die FSK, die Prüfkriterien und sich als Prüfer sehen. Zudem lassen sich im anschließenden Kapitel somit die einzelnen thematischen Einheiten besser miteinander vergleichen.

Name:	Dr. Gerd Albrecht	Birgit Goehlnich	Gerald Engasser	Petra Schwarzweller	Dr. Peter Hasenberg
Funktion	Prüfer der öffentlichen Hand Vertreter der Ev. Kirche Deutschlands, Zusammenschluss der ev. Landeskirchen	Ständige Vertreterin der Obersten Landesjugend-behörden bei der FSK, damit Vertretung der 16 Bundesländer im Ausschuss und Angestellte des Ministeriums in Reinland Pfalz.	Jugendschutzbeauftragter des Landes Baden-Württemberg und in dieser Funktion zuständig als Jugendschutzsachverständiger bei der FSK.	Prüferin für die Filmwirtschaft bei der FSK (teilweise Vorsitz innerhalb der Filmwirtschaft)	Prüfer der öffentlichen Hand Referent für Film- und Grundsatzfragen im Sekretariat der deutschen Bischofskonferenz, im Bereich Kirche und Gesellschaft.
Motivation Prüfer der FSK zu werden	Innerhalb der Aufgaben als Filmbeauftragter der EKD, gehörte neben der Filmförderungsanstalt vor allem auch die FSK. (S. 1)	über die pädagogische Ausbildung das Interesse an der Arbeit mit Kindern und Jugendlichen. (S. 1) Interesse am Film und damit verbunden das Interesse an der Beschäftigung mit medienpädagogischen Themen und der Verfolgung des bildungspolitischen Auftrags „Jugendschutz" (S. 1)	Dieses ergab sich aus der beruflichen Tätigkeit im Ministerium. (S. 1)	Die intensive Beschäftigung mit Medienwirkungstheorien und über die Ausbildung (Germanistik, Anglistik und Medien- und Kommunikationswissenschaft mit dem Schwerpunkt der Medienwirkungsforschung war die Motivation Prüfer bei der FSK zu werden. (S. 1)	Durch die Übernahme des Filmreferats bei der Bischofskonferenz (Filmreferat war zuständig für die Koordination der Arbeit der kirchlichen Prüfer bei der FSK) gehört es zu den Aufgaben Prüfer der FSK zu sein. (S. 1)
Argumentationsschwer-punkte zu den Freigabekriterien	die Gesamtintention eines Films ist wichtig (S. 7) Es gibt nicht nur die Identifikation mit dem Helden im Film, sondern eine Identifikationspalette. (S. 4) Alterseinstufungen sind eine Art Signal, mit dem man sagt, das bei jüngeren die Gefahren größer sind, dass das Gesehene zu gefährlich falschen Schlussfolgerungen führen kann. (S. 5) Die ganzen Einstufungen sind Alibifunktionen. (S.7.)	filmische Gewaldarstellungen und die gegebene oder nicht gegebene Einbettung in die Gesamtkontexte der Filme und die Figurenzeichnung sind die Hauptpunkte, die für eine jeweilige Freigabe zu beachten sind (S. 2)	Die Darstellung des Protagonisten im Film spielt eine wesentliche Rolle. (S. 3) Je jünger ein Rezipient ist, desto mehr wird die vom filmischen Geschehen vorgegebene Rolle des Protagonisten auch angenommen. (S. 3) Die Altersfreigabe ist keine exakte Festlegung auf die Wirkung eines Mediums, sondern sie geht von einer Wirkungsvermutung aus. (S. 2)	Es hängt immer von der Qualität und dem Inhalt eines jeden Films ab. (S. 2) Je mehr fiktionale Elemente ein Film enthält und je deutlicher diese auch erkannt werden können, desto mehr Distanzierung setzt sie ein. (S. 6) man kann nur Prognosen, Wirkungsvermutungen anstellen. Wirkungen kann man nicht einfach messen. (S. 3)	seit etwa 15 Jahren ist es so, das man nicht einzelne Gewaltszenen beurteilt, sondern immer den Gesamtkontext des Films sieht. (S. 3) Es geht darum Wirkungsprognosen anzustellen, Einschätzungen gewisser Wirkungspotentiale zu geben. (S. 4)

Name:	Dr. Gerd Albrecht	Birgit Goehlnich	Gerald Engasser	Petra Schwarzweller	Dr. Peter Hasenberg
Haltung zu der PG-Regelung	Die PG-Regelung wäre sinnvoll, wenn das eine Entscheidung der FSK ist. Denn es gibt gewisse Filme, wo es Sinn machen kann, dass Kinder mit den Eltern reingehen, während bei anderen Filmen, ob mit oder ohne Eltern, ein Filmbesuch unter 12 Jahren für die Entwicklung beeinträchtigend erscheinen muss. (S. 8.)	Sehr positive Regelung im Sinne des Jugendschutzes, die eine Kompensation der großen Spanne zwischen 6 und 12 bedeutet. (S. 10.) Sie führt zu A auseinandersetzung der Generationen, so dass Eltern mit ihren Kindern quasi die Möglichkeit haben Entscheidungen zu treffen und gemeinsame kulturelle Erlebnisse zu erleben. (S. 13.)	Positive Haltung zur PG-Regelung; Im Vordergrund stand weniger die Frage der Wirkung der Filme, sondern eher der politische Wille, den Eltern die Verantwortung dafür zu übertragen, welchen Film sie ihrem Kind erlauben. (S. 9.) Die PG-Regelung könnte auch bei veränderter Altersstufung beibehalten werden. (S. 9.)	Grundsätzlich positive Haltung zur PG-Regelung, aber man müsste den Eltern mehr Orientierung mitgeben, welche Filme auch für jüngere Kinder geeignet sind. Das ist ein Aspekt, den man nachbessern könnte. (S. 11.)	Negative Haltung zur PG-Regelung. Die PG-Regelung wird kritisiert, weil sie einen Automatismus vorgibt. (S. 11.) Eine PG-Regelung als eine durch den Ausschuss zu vergebende Kennzeichnung wäre sinnvoll. Somit gäbe es Filme „ab 12" ohne Öffnung und andere Filme „12, PG". (S. 12.)
Meinung zu Gewaltdarstellungen in Filmen	In unserem Kopf wird das, was wir an Gewalt sehen, hoffentlich verarbeitet, sonst wäre der Kinobesuch für die Katz. (S. 3.)	Bezogen auf die Jugendschutzrelevanz ist das Thema der Gewalt das zentralste und findet daher in den Kontexten der Filme größte Berücksichtigung. (S. 2.) Je komplexer die inhaltliche Einbettung der Gewaltdarstellungen ist, desto eher hat der Zuschauer die Möglichkeiten sozial-ethische Positionen zu entwickeln. (S. 2.) Gewaltdarstellungen für Kinder sind ein wichtiger Bestandteil von Filmen, denn dadurch können sie gut moralische Haltungen entwickeln. (S. 3.) Filmische Umsetzung der Gewalt ist mitentscheidend (Kameraführung, Schnitte etc.) (S. 3.)	Es ist von der Bildebene entscheidend, ob man das Leiden wirklich sieht, oder ob es eine angedeutete Situation ist, die auf der Bildebene nicht allzu mächtig wirkt. (S. 6.)	Man muss prüfen, ob eine bestimmte Gewaltmenge existiert, die für bestimmte Altersgruppen kritisch ist. (S. 2) Man muss gucken, ob die Gewalt legitimiert wird, ob Unterschiede zwischen der Art der Gewaltanwendung bestehen, ob es eine gerechtfertigte, legitime, gute Gewalt gibt, die zum Beispiel vom Helden ausgeht oder ob es eine Gewaltspirale gibt, die sich immer weiter eskalierend fortsetzt. (S. 2) Der Akt der Gewalt der gezeigt wird ist aus dem einzelnen Filmsetting durchaus ablösbar und in andere Kontexte übertragbar. (S. 8.)	Die Breite der Gewaltdarstellung entscheidend: wird Gewalt nur angedeutet oder wird sie - möglicherweise selbstzweckhaft - ausgespielt? (S. 3) Wird der Held für seine Gewaltausübungen belohnt und wird Gewalt positiv bestärkt: Dieses sind wichtige Kriterien die beachtet werden müssen. (S. 3.) Die Perspektive des Opfers ist entscheidend (S. 3)

93

Name:	Dr. Gerd Albrecht	Birgit Goehlnich	Gerald Engasser	Petra Schwarzweller	Dr. Peter Hasenberg
Darlegungen zu Medienwirkungs-theorien	Je stärker die Auseinandersetzung mit dem Gesehenen nicht nur in der Phantasie ist, desto stärker kann man davon ausgehen, das sich das Ergebnis im Handeln positiv und nur gelegentlich negativ niederschlägt, denn dass das in der Phantasie Miterlebte aufs Handeln abfärbt, ist in der Realität eigentlich schon die Ausnahme. (S. 3) Die Wahrnehmung von Filmen ist ein „Probehandeln", bei dem es keine positiven oder negativen Sanktionen gibt wie in der Realität. (S. 3)	Es gibt kein direktes Nachahmungsverhalten (S. 4)	In der Wissenschaft, die sich mit menschlichen Verhaltensweisen beschäftigt gibt es keine exakten Aussagen, sondern die Diskussion über die Medienwirkung wird immer gesellschaftlich geprägt sein. Somit ist die Einschätzung von möglichen Medienwirkungen sehr unterschiedlich. (S. 2) Es gibt viele Faktoren, die in der Rezeptionssituation von Medien wirken, so dass eine letztlich für alle gleich geltende Entscheidung und Beurteilung nicht getroffen werden kann. (S. 2)	Zuschauer, auch Jugendliche oder Kinder sind keine Imitationsautomaten, die einfach unreflektiert das übernehmen, was sie zu sehen bekommen. (S. 3) Monokausale Erklärungsansätze kann man heute nicht mehr vertreten (S. 4) Im Prinzip ist es ein sehr diffiziles Zusammenspiel von verschiedenen Faktoren. (S. 3) Es ist in der Medienwirkungsforschung nachgewiesen worden, das brutale Opferwirkungen sich immer gewalthemmend auswirken. (S. 3)	Keiner der Prüfer vertritt die einfache These: Hier wird Gewalt rezipiert und später wird sie in gleicher Weise ausgeübt. (S. 4) Differenzierte medienpädagogische Stellungnahmen sind schwieriger zu vermitteln. (S. 5.) Die Kriterien müssen bei jedem einzelnen Film immer individuell neu abgewogen und diskutiert werden. (S. 6.)
Ansichten zu einer möglichen Novellierung der bisherigen Altersfreigabestufen	Bei 14 Jahren liegt eine Entwicklungsstufe. Aber ob die Debatten über die Freigaben noch intensiver werden ist fraglich (S. 7-8.) Einiges spricht für eine 8er-Freigabe. (S. 10) Jedoch: keine dieser Altersgrenzen stimmt mit dem überein, was man entwicklungspsychologisch weiss, sondern mit Altersstufen versuchen, sich über einen entwicklungsgemäßen Jugendschutz mit einem Stufen-Modell nur zu nähern. (S. 11) ggf. neue Altersfreigaben: 0, 8, 14, 16 (S. 11)	Bei einer Veränderung der Altersfreigabengrenzen, wäre die 14 eine sehr entscheidende Altersstufung. (S. 10) Gäbe es die PG-Regelung nicht oder würde sie während der Evaluierung des Jugendschutzgesetzes nicht mehr gewollt, sollte man in der großen Spanne zwischen 6 und 12 eine Altersstufe zwischen 8 und 10 überlegen. (S. 13) Neue Altersfreigabestufen (vorausgesetzt die PG-Regelung würde abgeschafft): 0, 6, 10, 14, 18 (S. 15)	Die Sprünge zwischen 6 und 12 und zwischen 12 und 16 sind schwierig [..], so dass eine Differenzierung von 6, 10, 14 Sinn macht und damit auch den rechtlichen Abschnitten mehr gerecht wird (S. 7.) Wenn man so ein System ändert, muss man sehr gewichtige Gründe haben. (S. 7.)	Trotz Bedenken bei der praktischen Umsetzung sollte man das österreichische Modell der Altersstufen (2-Jahres Schritte) als Orientierung nehmen. Daraus könnten sich folgende neue Altersfreigaben ergeben: o.A., 6, 9, 12, 14, 16, KJ. (S. 8; S. 12)	Es gibt Modelle, die man sich vorstellen kann. Die Altersstufen 6,10,14 hätten eine gewisse Plausibilität (S. 14.) Das System ist durchaus sinnvoll, wie es existiert. (S. 8.) Neue PG-Regelung: Diese Regelung sollte als eine eindeutige Kennzeichnung durch die Ausschüsse vergeben werden. (S. 17) Die Altersstufen zu ändern, würde Sinn machen, wenn man eine europaweite Regelung trifft. Bei einer Verständigung auf europäischer Ebene macht eine Angleichung Sinn. (S. 15)

4.3. Maßstäbe, Kriterien und Bestand der Altersfreigaben aus Sicht der „Experten".

Nun werden die Aussagen der Experten zu den einzelnen Themenschwerpunkten, und zwar im Einzelnen zu den Kriterien der jeweiligen Altersstufen betrachtet und dahingehend untersucht, ob gemeinsame sowie konträre Ansichten existieren.

Zum Schluss eines Themenschwerpunktes soll eruiert werden, welche Meinung sie zu einer eventuellen Novellierung der zuvor betrachteten Altersstufung haben.

Aufgrund der Übersichtlichkeit sind im Folgenden die Aussagen der Experten kursiv gehalten.

4.3.1. Die „PG-Regelung" und die schwierige Altersstufe der 6- bis 12-jährigen.

Wie schon aus der Übersichtstabelle ersichtlich, existieren bei den Experten kontroverse Ansichten bezüglich der seit April 2003 in Kraft getretenen PG-Regelung.

Auf der einen Seite wird die Regelung als eine *„sehr positive Regelung im Sinne des Jugendschutzes"* (Goehlnich: S. 10) gesehen, welche den politischen Willen ausdrückt, *„den Eltern die Verantwortung dafür zu übertragen, welchen Film sie ihrem Kind erlauben"* (Engasser: S. 9) können und welchen nicht.

Auf der anderen Seite wird sie stark kritisiert, *„weil sie einen Automatismus vorgibt"* (Hasenberg: S. 11) und somit personensorgeberechtigte Personen mit ihrem jüngeren Kind in jeden Film, der eine Freigabe ab 12 Jahren erhalten hat hineingehen können, wobei es Filme gibt, die eine 12er-Freigabe erhalten haben, in die Eltern zwar ohne weiteres mit ihren unter 12-jährigen Kindern gehen können[15], *„während [jedoch] bei anderen Filmen, ob mit oder ohne Eltern, ein*

---

[15] Bsp. Harry Potter und der Gefangene von Askaban

Filmbesuch unter 12 Jahren für die Entwicklung beeinträchtigend erscheinen muss".[16] (Albrecht: S. 8)

Schließlich ist die PG-Regelung eine gute Möglichkeit, die große Spanne zwischen dem 6. und 12. Lebensjahr aufzulockern, wobei man den Eltern allerdings mehr Orientierung mitgeben müsste, ob dieser oder jener Film auch für jüngere Kinder geeignet ist. Und die Regelung müsste als eine durch die FSK vergebene Kennzeichnung eingeführt werden. (vgl. Hasenberg: S. 12; Albrecht: S. 8)

Aus den Ausführungen der Experten zu den Kriterien für Filme „ab 12 Jahren" lassen sich einige gemeinsame Feststellungen erkennen. So zum Beispiel, dass bezüglich der Gewaltdarstellungen in Filmen, einerseits stark darauf geachtet werden muss, dass für die Kinder eine *„klare Einordnung der Gewalt"* (Hasenberg: S. 8) leistbar ist, sodass man bei Formen, in denen eine *„Akzeptanz von Gewalt"* (Engasser: S. 5) propagiert wird, mit der Erteilung dieser Freigabe vorsichtig sein sollte.

Andererseits müssen Filme für diese Altersstufe auch ein *„dramaturgisches Gerüst"* besitzen und in ein *„moralisches Gefüge eingebettet sein"* (Schwarzweller: S. 6), sodass aus den Filmen eindeutig hervorgeht, wer ‚Gut' und wer ‚Böse' ist (vgl. Hasenberg: S. 8) und dass die *„positiven Figuren, die Helden des Films, die nicht mit Gewalt agieren [...] Gewinner des Filmes sind."* (Goehlnich: S. 8)

Zudem besitzt die Altersgruppe der ab 12-jährigen schon eine gewisse Genrekompetenz (vgl. Hasenberg: S. 8; Goehlnich: S. 8), die man bei bestimmten Filmen (Actionfilme, Science-Fiction-Filme) voraussetzen kann.

Noch klarer und einstimmiger formulierten die Experten die Kriterien zur Erteilung der Freigabe „ab 6 Jahren". Herr Dr. Hasenberg brachte die Kriterien, auf die man hierbei zu achten hat auf den Punkt:

„Für eine Freigabe ab 6 sollte es möglichst eine Geschichte geben, die klar strukturiert ist und nicht zu komplex erzählt wird. Die Figuren sollten klar

---

[16] Bsp. ‚Troja' oder ‚Königreich der Himmel'

charakterisiert sein und es sollte am Ende eine positive Lösung stehen. Vor allen Dingen sollten mögliche Belastungen, wie Spannung und Angsterregung nur kurzzeitig sein, sodass die Anlage des Films eher episodisch sein müsste, damit es immer wieder nach Phasen der Anspannung auch Entlastung gibt.“ (Hasenberg: S. 13)

Vergleichbare Formulierungen verwendeten ebenfalls Herr Engasser (vgl. S. 7-8.), Herr Dr. Albrecht (vgl. Albrecht: S. 9), Frau Goehlnich (vgl. Goehlnich: S. 11) und Frau Schwarzweller (vgl. Schwarzweller: S. 9.).

Interessant an dieser Stelle ist, dass alle Befragten der Ansicht waren, dass Filme ab 6 Jahren ein klares Wechselspiel von Entspannungs- und Anspannungsphasen benötigen, die Filme eher episodischen Charakter haben müssen, *„Bedrohungssituationen nicht zu drastisch und auch nicht zu lang andauern dürfen“* (Schwarzweller: S. 9) und dass *„Filme ihren Verständnismöglichkeiten [...] entsprechen“* (Albrecht: S. 9) sollten, sodass beispielsweise ein *„Wechsel von Fiktion und Realität [...] kaum nachvollziehbar“* (Engasser: S. 7-8) ist. Aber in Filmen, wie z.B. den ersten beiden Harry Potter-Verfilmungen findet man schon länger andauernde Bedrohungssituationen, eher keinen episodischen, sondern einen filmumspannenden Erzählcharakter und es bleibt die Frage, ob 6-jährige die Geschichte um den Zauberschüler Harry Potter wirklich verstehen.

Demzufolge müsste man sich fragen, ob die bisherigen Freigaben so noch sinnvoll erscheinen oder ob sie nicht neu angepasst werden sollten, auch in der Hinsicht, dass sich das Rezeptionsverhalten der Kinder und Jugendlichen verändert hat und die Filme dementsprechend produziert werden.

Hierzu haben sich die Experten bis auf Herrn Dr. Hasenberg, der zwar eine gewisse Plausibilität in einer Veränderung der Freigaben sieht (vgl. Hasenberg S. 14), jedoch das System, so wie es besteht, für sinnvoll hält (vgl. A.a.O. S. 8), zustimmend geäußert.

Frau Schwarzweller ist der Ansicht, dass man die Freigaben um eine Freigabe „ab 9 Jahren“ ergänzen sollte, so wie Frau Goehlnich, die, wenn die PG-Regelung während der Evaluierung des Jugendschutzgesetzes nicht mehr gewollt würde, eine weitere Freigabe zwischen 6 und 12 Jahren für wichtig hält.

Diese könnte ihrer Ansicht nach bei 8, 9 oder 10 Jahren liegen. (vgl. Goehlnich S. 13)

Herr Engasser hingegen hält eine Ergänzung der Freigaben um eine weitere Stufe für falsch, da in der Praxis an der Kinokasse die Altersfreigaben nicht mehr richtig kontrolliert werden könnten, wenn die Jahresabstände zu gering ausfielen. Er kann sich allerdings gut vorstellen, dass man die 12er-Grenze zugunsten einer FSK-10-Regelung abändert, wobei die PG-Regelung seiner Meinung nach auch bei veränderter Altersstufung beibehalten werden könnte. (vgl. Engasser: S. 9)

Herr Dr. Albrecht hält eine Ersetzung der Freigabe „ab 6 Jahren" durch eine Freigabe „ab 8 Jahren" für möglich und sinnvoll.

„Für die 8er-Stufe würde es eine Begründung geben, denn eigentlich dürfen erst ab 8 Jahren Kinder selbstständig eine Kinokarte kaufen. Es gibt aber auch inhaltliche wie psychologische Gründe für eine Freigabe ab 8 Jahren. Texte auf der Leinwand können frühestens ab acht Jahren gelesen werden. Geschichten von Wirklichkeit zu unterscheiden, ist für die 8-Jährigen auch wesentlich leichter." (Albrecht: S. 10)

Aus den Erklärungen der Experten lässt sich schon an dieser Stelle eine Tendenz dahingehend erkennen, dass eine Novellierung der Altersfreigaben für die meisten zumindest durchdacht wird, wobei sogar Herr Dr. Hasenberg in einer neuen Alterstufe „ab 10 Jahren" statt ab „12 Jahren" einen gewissen Sinn sieht, da ein wesentlicher Einschnitt beim Schulwechsel nach dem 4. Grundschuljahr und dann in der Regel mit 10 Jahren erfolgt. (vgl. Hasenberg: S. 14)

4.3.2. Vom Kind zum Teenager. Die Altersstufe der 12- bis 16-jährigen.

Zunächst sind sich die Experten darüber einig, dass die Entscheidungen, ob man einen Film ab 12 oder ab 16 freigibt, nicht ganz einfach und mit viel Sensibilität zu treffen ist, da die 12-jährigen sich *„in den Startlöchern der Pubertät und in ganz deutlicher Abgrenzung zu der Erwachsenenwelt"* (Goehlnich: S. 6-7) befinden und das Bedürfnis haben, *„sich weiterzuentwickeln, sich abzulösen und*

[...] sich dann natürlich auch bestimmten Gefahren auszusetzen." (Schwarzweller: S. 8.). Und man muss *„insbesondere darauf hinweisen, das Bilder gesucht werden im Film über Sexualität und insbesondere Bilder von Geschlechterrollen. [...] Ähnlich ist es mit den Breichen Okkultismus, Religion, die Situation in anderen Ländern."* (Goehlnich: S. 6-7)

Wo 16-jährige schon relativ souverän im Umgang mit Geschlechterrollen, Gewaltdarstellungen und den unterschiedlichsten Filmgenres sind und man bei ihnen voraussetzen kann, *„dass sie zwischen Medienwelt und Realität unterscheiden können."* (Albrecht: S. 7), so muss man bei der empfindsamen Gruppe der 12- und 13-jährigen genauer schauen, was zuträglich ist.

Somit ist auch der Gewaltbereich entscheidend. Hier sollte *„die filmische Umsetzung von Gewalt nicht in der Drastik gezeigt werden wie wir es im 16er Bereich haben."* (Goehlnich: S. 8), sodass man bei 12-Jährigen *„auch einzelne Darstellungsteile, Szenen und Handlungsmomente"* (Albrecht: S. 7) neben der Gesamtwirkung des Film zu beachten hat.

Herr Engasser brachte diese Problematiken treffend auf den Punkt, indem er formulierte:

„Die über 12-Jährigen sind die Altergruppe der Pubertät. In diesem Alter sind Wertesysteme noch nicht so festgelegt, es ist eine Offenheit in verschiedene Richtungen vorhanden [...] Diese Altersgruppe ist noch sehr viel stärker beeinflussbar und zu prägen, als die Altersgruppe der Sechzehnjährigen, die doch schon eine gewisse Festigkeit ihrer Persönlichkeit entwickelt haben und auch in der Lage sind, dies gegenüber einer Filmwelt für sich zu vertreten. [...] Wo es um die Vermittlung von Werten, um die Geschlechterrolle geht, um die Akzeptanz von Gewalt, da würde ich sagen, muss man bei 12-Jährigen noch sehr viel stärker Grenzen setzen in der Zumutbarkeit als es bei 16-Jährigen der Fall ist." (Engasser: S. 5)

Aufgrund der problematischen Altersspanne zwischen 12 und 16 Jahren, haben sich bis auf Herrn Dr. Hasenberg die Experten für eine neue Altersfreigabe „ab 14 Jahren" ausgesprochen. Um den „Begründungsfluss" für diese neue Freigabe nicht zu unterbrechen, befinden sich die einzelnen Begründungsblöcke aus den Interviews im folgenden untereinander aufgelistet.

„Die Spanne zwischen 12 und 16 birgt in dem Sinne Probleme, das wir sagen, die 12- und 13-jährigen sind diese empfindsame Gruppe, die wir gerade schon genau skizziert haben. Das ist die Gruppe, die sehr offen ins Filmgeschehen hineingehen und die 14jährigen haben mit dieser sehr empfindsamen Phase schon abgeschlossen und sind relativ souverän in der Beurteilung bestimmter inhaltlicher Felder, sprich die Haltung zur Familie, die Haltung zur eigenen Sozialisation, die Haltung zu Themen, wie Religion, auch zu Themen wie Gewalt in Filmen, genretypische Filminszenierungen u.s.w. Da ist diese Gruppe dann doch schon sehr souverän ab 14. Und da wäre, wenn es zu einer Veränderung der Altersfreigabengrenzen käme, die 14 für mich eine sehr entscheidende Altersstufung.“ (Goehlnich: S. 10)

„Auch die Spanne von 12 bis 16 ist natürlich von mehreren Entwicklungsschritten geprägt, so dass man durchaus ernsthaft überlegen kann, ob man beispielsweise eine Differenzierung von 6, 10, 14 macht und damit auch den rechtlichen Abschnitten mehr gerecht wird, denn die Strafmündigkeit beginnt mit 14, die Religionsmündigkeit beginnt mit diesem Alter. Insofern wäre das auch ein Aufhänger für die Altersfreigaben.“ (Engasser: S. 7)

„Man muss natürlich sehen, dass bei 14 Jahren tatsächlich eine Entwicklungsstufe liegt. Wir, d.h. die beiden Kirchen und die Länder, haben in den 70er Jahren mal versucht, die Altersstufen von 14 und 18 Jahren bei der Gesetzgebung durchzudrücken.“ (Albrecht: S. 7-8)

„Und wenn man sich [bei einer 12er Freigabe] unsicher ist, dann ist man eigentlich gezwungen, auf die nächsthöhere Freigabe zu gehen, um auch wirklich alle Risiken auszuschließen und da wäre es sicherlich manchmal ganz gut, wenn man eine Freigabe ab 14 Jahren hätte. Denn ich denke, das sich in der Altersgruppe doch noch einiges entwicklungspsychologisch tut.“ (Schwarzweller: S. 9)

Die Begründungen der Experten konnten zeigen, dass grundsätzlich auch bei der Altersspanne der 12- bis 16-jährigen der Wunsch einer Novellierung hin zu einer Altersstufung ab 14 Jahren da ist. Allerdings tendieren Frau Goehlnich und Frau Schwarzweller eher zu einer *Ergänzung* der Freigaben um eine zusätzliche Stufe ab 14 Jahren, sodass man in diesem Fall dem österreichischen Modell folgen würde, welches ebenfalls eine 2-Jahres-Abstufung in ihren Freigaben besitzt.

Herr Engasser und Herr Dr. Albrecht hingegen tendieren zu einer *Ersetzung* der Freigabe „ab 16 Jahren" durch die neue Stufung „ab 14 Jahren", denn wenn man *„zwischen 16 und 12 Jahren noch mal eine Altersstufe von 14 Jahren einführt, mag [das] für die Jugendpsychologen schön sein, für die Jugendschutz-Praxis bedeutet es keine Verbesserung. "* (Albrecht: S. 7-8), denn man benötigt *„immer eine Spanne von Jahren, die in einer Altersstufe zusammengefasst werden, damit auch noch eine praktische Überprüfung des Alters an der Kinokasse geleistet werden kann. "* (Engasser: S. 9)

4.3.3. Die Altersstufen „ohne Altersbegrenzung" und „keine Jugendfreigabe".

Aus den Interviews geht hervor, dass für die Erteilung der Kennzeichnung „keine Jugendfreigabe" *„relativ deutliche Vorgaben durchs Jugendschutzgesetz"* existieren (Engasser: S. 3) und in den Grundsätzen der FSK die Kriterien für diese Kennzeichnung ebenfalls ziemlich deutlich artikuliert sind. (vgl. Albrecht: S. 5; vgl. Schwarzweller: S. 4)

Diese Filme, die laut der FSK „nur für Erwachsene" bestimmt zu sein scheinen, sind Filme, *„die gewaltverherrlichend sind, die Wirkungen am Opfer weitesgehend ausblenden oder in denen das Opfer dann so sehr gequält wird, das es schon einen lustvollen Charakter bekommt. Also, alles was Gewalt mit Lust konutiert, auch Sexualität [mit] Gewalt konutiert, würde darunter fallen"* (Schwarzweller: S. 4)

Wenn in einem Film ein Verhalten gezeigt wird, *„dass für Jugendliche attraktiv ist, vielleicht sogar als wünschenswert ,als positiv dargestellt wird, obwohl es den gesellschaftlichen Normen widerspricht"* (Albrecht: S. 5. vgl. Hasenberg: S. 6.) und *„wenn man eine ernste oder künstlerische Absicht nicht erkennt und eher den Eindruck hat, hier wird Gewalt gehäuft und eher selbstzweckhaft dargestellt"* (Hasenberg: S. 7), dann kann man diesen Film nicht für Jugendliche freigeben.

Ebenfalls spielt das Rachemotiv und das Motiv der Selbstjustiz in Filmen bei der Frage für oder gegen eine Jugendfreigabe eine wichtige Rolle, denn *„Selbstjustiz und Rache sind Bereiche, die in Deutschland sehr genau angeschaut werden und die hohe Brisanz haben im Sinne des Jugendschutzes"* (Goehlnich: S. 5; vgl. Hasenberg: S. 6). Denn, wenn es um eine inhaltliche Zurschaustellung der Selbstjustiz geht, dieses problematisch für ein gesellschaftlich friedliches Zusammenleben sein kann und falls aus dem Film zudem noch eine gewisse Respektlosigkeit gegenüber dem Staat und seinen Instrumenten deutlich wird, kann das auf Jugendliche desillusionierend wirken. (vgl. Goehlnich: S. 5)

Bei der Frage, ob die Kennzeichnung „keine Jugendfreigabe" bei einer möglichen Novellierung der Altersfreigaben beibehalten oder gestrichen werden sollte, da es entwicklungspsychologisch gesehen zwischen den Sechzehnjährigen und den Achtzehnjährigen keine wesentlichen kognitiven Entwicklungsschritte mehr gibt, ist ebenfalls eine „Zwei-Lager-Teilung" erkennbar.

Herr Dr. Albrecht und Herr Engasser wären durchaus offen für eine Diskussion, die eine Streichung der Stufung „keine Jugendfreigabe" beinhaltet, denn ein *„Großteil der Filme, die sich an dieser Schwelle bewegen, sind noch im Bereich FSK 16. Und dann ist schon relativ schnell die Schwelle der Indizierungsfähigkeit erreicht, deshalb könnte man darüber diskutieren, ob man die 18er Freigabe eventuell weglassen könnte."* (Engasser: S. 4. vgl. Albrecht: S. 6)

Frau Goehlnich, Frau Schwarzweller und Herr Dr. Hasenberg halten dagegen die Unterscheidung weiterhin für sinnvoll, *„weil sie noch eine gewisse Differenzierung bringt zwischen Filmen, die einen gewissen Anspruch haben, auch wenn sie weitgehend sind in der Darstellung von Gewalt und anderen Filmen, die dann doch problematischer sind."* (Hasenberg: S. 8; vgl. Goehlnich: S. 6) und *„weil es auch immer eine Signalwirkung, eine Außenwirkung hat."* (Schwarzweller: S. 5) Denn es sind Grenzen, die auch fließend übergehen in die Bereiche, die eine Verweigerung der Kennzeichnung nach sich ziehen würden. Und wenn dieses berührt ist, dann könnte eine gewisse Orientierungsleistung

102

fehlen, die ein Film für 16jährige doch noch erbringen müsste. (vgl. Schwarzweller: S. 5)

Auch die Handhabung mit der Erteilung der Freigabe „ohne Altersbeschränkung" wurde von den Experten teilweise sehr unterschiedlich gesehen.

Einerseits wurden in den Interviews ohne Probleme Kriterien für diese Freigabe gefunden und aufgezählt, so dass diese Filme zum Beispiel *„allenfalls über ganz geringe beunruhigende Elemente verfügen [sollten...,] wo vielleicht minutenweise mal eine beunruhigende Situation auftaucht, die dann entsprechend auch ausführlich wieder positiv aufgelöst wird"* (Schwarzweller: S. 12) und es gewährleistet sein sollte, dass *„der Film im schönen soliden Rhythmus funktioniert mit einer kindgerechten Figurenzeichnung"* (Goehlnich: S. 14; vgl. Schwarzweller: S. 12) und überdies ein *„durchweg positives Filmgeschehen [vorhanden sein muss], wo klar Gut und Böse getrennt wird".* (Engasser: S. 9-10)

Andererseits wird die Freigabe „ohne Altersbeschränkung" bezüglich ihrer Bezeichnung an sich in Frage gestellt, da man sich schon fragen könnte, *„was eigentlich ein 2-jähriger mit einem Film anfangen soll, den wir "ohne Altersbeschränkung" freigeben* (Albrecht: S. 10) und *„im Grunde genommen [...] eine Freigabe „ab 0" nicht [geht] und [...] auch irreführend"* ist. (Hasenberg: S. 16, 17)

Bei dieser Freigabe gäbe es nämlich *„keine Kriterien mehr, sondern eigentlich einen Ausschluss der Kriterien, die für die anderen Altersstufen genannt worden sind. Was an Filmen auch für 6-Jährige völlig unbedenklich erscheint, kann häufig damit rechnen, dass auch die Jahrgänge darunter es sehen dürfen."* (Albrecht: S. 11) und diese ‚Kriterien' dürften dann nicht mehr erlauben, als „*'Friede, Freude, Eierkuchen*'". (Albrecht: S. 11)

Herr Dr. Hasenberg kritisiert zudem die Umgehensweise mit dieser Stufung, da *„heute durchaus Filme, die 2 Stunden dauern und mehr, mit der Kennzeichnung o.A. freigegeben [würden]. Das bedeutet aber für Kinder, dass sie in so einem Film, inklusive Vorprogramm 2 ½ Stunden im Kino sitzen müssen und das ist für Vierjährige eigentlich schon eine enorme Belastung."* (Hasenberg: S. 16)

103

Dieser Argumentation entgegnet Frau Schwarzweller:

„Das schlimmste was passieren kann, wenn es dem Kind langweilig ist, ist das es einschläft. Und natürlich abschaltet und irgendetwas anderes macht. Aber ich denke rein die Länge, das kann kein Kriterium sein. Es werden ja auch Dokumentarfilme o.A. freigegeben die 2 Stunden gehen." (Schwarzweller: S. 12)

Außerdem könne ggf. der Kinobesuch an sich für Kinder unter 6 Jahren, so Hasenberg, eine Stresssituation bedeuten, dass man sich fragen sollte *„ob man dann nicht auch da ein Modell wählen sollte, dass auch eine PG-Regelung ab 6 Jahren beinhaltet"*. (Hasenberg: S. 17)

Aus den Begründungen der Experten lässt sich erkennen, dass sowohl die Freigabe „ohne Altersbeschränkung", als auch die Freigabe „keine Jugendfreigabe" nicht unkritisch hingenommen wurden, sondern Überlegungen angestellt wurden, diese Freigaben entweder zu streichen oder abzuändern.

4.4. Zusammenfassung

Aus den Aussagen der Experten hinsichtlich der unterschiedlichen Freigabekriterien und den Ansichten zu Gewaltdarstellungen in Filmen und den dazugehörigen Medienwirkungstheorien wurde vor allem eines deutlich:

Und zwar ein Bewusstsein darüber, dass die bisherigen Freigabestufen so, wie sie existieren, durchaus kritisierbar sind und es in der Prüfpraxis oftmals schwierig ist, Filme den vorhandenen Altersstufen zuzuordnen.

Frau Goehlnich, Frau Schwarzweller und Herr Engasser erachten in diesem Zusammenhang eine Novellierung der Altersstufen, bei allen Schwierigkeiten der Umsetzung, als notwendig, wobei diese neuen Stufungen wohl überlegt sein müssten und angelehnt an die neusten Ergebnisse aus der Entwicklungspsychologie und Medienwirkungsforschung zu sein haben.

„Es bedürfe aber einer riesengroßen Bewusstseinsarbeit in der Gesellschaft" (Goehlnich: S. 15) und zunächst ist es *„sicherlich eine Umgewöhnung und vielleicht auch eine Verunsicherung und manche Eltern würden ihre Kinder*

dann lieber erst mal in die alten Freigaben schicken, aber ich denke das sich das einpendeln wird. " (Schwarzweller: S. 13)

Denn wenn *„man dann auch auf Grundlage von wissenschaftlichen Ergebnissen zu dem Urteil kommt, dass eine andere Stufung besser bestimmte Entwicklungsschritte von Kindern und Jugendlichen widerspiegeln kann, dann sollte man dies auch umsetzen.* " (Engasser: S. 10)

Herr Dr. Albrecht sieht in einer Abänderung der Altersfreigaben durchaus einen Sinn (vgl. Albrecht: S. 11) aber er zweifelt an einer möglichen praktischen Umsetzung und ist der Meinung, *„keine dieser Altersgrenzen stimmt überein mit dem, was wir entwicklungspsychologisch wissen, sondern die Altersstufen versuchen, sich der richtigen Überlegung eines entwicklungsgemäßen Jugendschutzes mit einem Stufen-Modell [nur] zu nähern.* " (Albrecht: S. 11) Diskussionen bezüglich einer Änderung der Altersfreigaben hält er für müßig, da er schon 1970 an einer Novellierung der Altersfreigaben als Filmbeauftragter der EKD mitgearbeitet hat und *„diese Novellierung kam dann endlich 1981, nach mehr als 15 Jahren Bearbeitung.* " (Albrecht: S. 6)

Herr Dr. Hasenberg sieht in einer Veränderung der Altersfreigaben im nationalen Alleingang keinen Sinn. Eine neue *„Regelung sollte man allenfalls dann treffen, wenn man europaweit eine Regelung fände, denn jetzt national ein anderes System einzuführen, das in gewissen Maße anders ist, aber auch nicht automatisch besser, wäre nicht unbedingt sinnvoll.* " (Hasenberg: S. 18)

Er ist der Ansicht, dass man die bisherigen Altersstufen so belassen könnte, *„da die PG-Regelung, wenn man sie als Kennzeichnung durch den Ausschuss vergibt, eine gewisse Art von Zwischenstufen darstellen würde und dann müsste dazu eine gewisse Art von Kurzbegründungen entwickeln, um den Eltern wirklich die Orientierung zu ermöglichen.* " (Hasenberg: S. 18)

Die Interviews der Experten hinsichtlich der Fragestellung, ob und inwieweit die Altersfreigaben der FSK verändert werden müssen, haben gezeigt, das zumindest weitgehende Überlegungen dahingehend angestellt werden sollten. Es existieren eine durchaus nicht zu unterschätzende Anzahl an plausiblen Gründen, die für eine grundlegende Novellierung der Altersfreigaben sprechen.

5. Resümee

Die Frage, ob es in Zukunft neue Altersfreigaben geben sollte und ob eine solche Novellierung auch wissenschaftlich sinnvoll ist, sollte differenziert beantwortet werden.

Zunächst muss man die 50er Jahre, in denen die bisherigen Altersfreigaben bis auf wenige Änderungen ins Leben gerufen wurden und das Jahr 2006 unter dem Aspekt Medien betrachten. Somit ergibt sich schnell, dass in den 50er Jahren eine gänzlich andere Medienlandschaft existierte und Kinder heutzutage im frühen Alter mit einer Vielzahl von Medien aufwachsen, die es in den 50er Jahren nicht gab. Dadurch lernen sie auch früher mit dieser enormen Medienvielfalt umzugehen und können gewisse Medieninhalte besser nachvollziehen und einordnen. Aus dieser Perspektive heraus muss man natürlich darüber nachdenken, ob die Altersstufen der 50er Jahre für heutige Kinder und Jugendliche so noch übertragbar sind. Auch die Äußerungen der Journalisten und der Personen, die in der Öffentlichkeit stehen, zeigten schon im ersten Teil der Arbeit den Wunsch einer Änderung dieser veralteten Freigaben. (vgl. Kap. 2.3.2.)

Zudem kommen die medienwirkungstheoretischen und entwicklungspsychologischen Ergebnisse, die sich im übertragenden Sinne ebenfalls für eine Änderung der Altersstufungen aussprechen.

Hier sind zum einen die sichere Einordnung einzelner Szenen in den Gesamtkontext, die Möglichkeiten zur Perspektivenübernahme und die Bildung eines moralischen Urteils als wichtig für die Filmrezeption anzuführen, welche jedoch erst von Kindern im Alter zwischen 9 und 10 Jahren sicher beherrscht werden und somit die 6er- Freigabe massiv in Frage stellt. (vgl. Kap. 3.2.5.: S. 83)

Zum anderen wird eine Distanz zum Filmgeschehen, welche die Möglichkeiten zur „Angstlust" schafft und sozusagen die Bildung eines „Moratoriums" zum Experimentier- und Probehandeln beinhaltet, in der Regel erst mit ca. 14 Jahren richtig ausgebildet. Dieses ist jedoch unabdinglich für eine gefahrlose Rezeption zahlreicher Action-, Horror- und Trash- Filme, die auch für ein solches „Teenie-Publikum" produziert werden, jedoch aufgrund der bisherigen Grenzen eine Freigabe ab 12 Jahren oder 16 Jahren erhalten.   (vgl. Kap. 3.2.5.: S. 83-84)

Vor allem konnten nicht nur die wissenschaftlichen Begründungen bezüglich einer Veränderung der Altersfreigaben überzeugen, sondern besonders auch die Ansichten der aus der Prüfpraxis stammenden „Experten" der öffentlichen Hand, der Film- und Videowirtschaft und dem Jugendschutz. Die Prüfer sprachen sich ebenso weitesgehend für eine Novellierung der Freigaben aus. Insbesondere die Altersstufen „ab 10 Jahren" und „ab 14 Jahren" hatten für die meisten Prüfer dabei eine gewisse Plausibilität. (vgl. Kap. 4.3.: S. 96-106)

Diese drei „Begründungsblöcke" lassen für mich ebenfalls den Schluss zu, dass eine Novellierung der Altersfreigaben der FSK sinnvoll erscheint, wobei für mich folgende neue Stufungen sinnvoll erscheinen: 6 (PG), 10, 14, keine Jugendfreigabe.

Diese Altersfreigaben halte ich aus folgenden Gründen für folgerichtig:

Zunächst muss ich Herrn Dr. Hasenberg beipflichten, dass eine Stufe „ohne Altersbeschränkung" keinen Sinn macht, sondern vielmehr dazu übergegangen werden sollte, die Stufe „ab 6 Jahren" um die Möglichkeit der Kennzeichnung „PG" zu erweitern, sodass bei bestimmten Filmen auch jüngere Kinder in Begleitung einer sorgeberechtigten Person hineingehen dürfen.

Für die Stufen 10 und 14 Jahren sehe ich die in der Arbeit genannten entwicklungspsychologischen Begründungsansätze und die Argumentationen der „Experten" als ausschlaggebend an.

Für die Stufe „keine Jugendfreigabe" spricht zum einen, dass es durchaus noch Filme gibt, die sehr weit gehen in der Darstellung von Gewalt und für Jugendliche durchaus noch ein Wirkungsrisiko bedeuten können und zum anderen durch die Kennzeichnung „keine Jugendfreigabe" noch eine eindeutigere Grenze hin zu einer Nicht-Kennzeichnung gezogen werden kann.

Wobei, egal wie die neuen Altersfreigaben später aussehen, müssten diese Stufen sehr wohl überlegt und praxisbezogen ausfallen, denn man muss sich darüber im Klaren sein, dass eine eventuelle Novellierung ein großen „Kraftakt" bedeutet, angefangen bei der gesellschaftlichen Überzeugungsarbeit, hin zu Überlegungen, wie man mit den bisherigen, schon gekennzeichneten Filmen verfährt.

Jedoch ist eine Änderung der Freigaben, trotz aller Bedenken, nach der Evaluation des Jugendschutzrechts bis 2008 wünschenswert, und wie Herr Engasser es schon formulierte, „muss [man] es jetzt im Rahmen des Evaluationsverfahrens sehr genau überlegen, muss Vor- und Nachteile abwägen und dann auch zu einer Entscheidung kommen." (Engasser: S. 10)

6. Literaturverzeichnis

Aebli, H.: „Denken: Das Ordnen des Tuns", in 2 Bänden, Stuttgart 1980/81.

Albrecht, G: „Nationalsozialistische Filmpolitik. Eine soziologische Untersuchung über die Spielfilme des Dritten Reiches", Stuttgart (Enke) 1969.

Atteslander, P.: „Methoden der empirischen Sozialforschung", Berlin 1984.

Baacke, D./Sander, U./Vollbrecht, R.: „Spielräume biographischer Selbstkonstruktion", Opladen 1994.

Baacke, D.: „Strukturelle und inhaltliche Veränderungen der Jugendphase und Folgerungen für das Gewaltphänomen", in: Dichanz, H. (Hrsg.): „Handbuch Medien: Medienforschung. Konzepte, Themen, Ergebnisse", Bonn 1998, S. 121-128.

Baacke, D: „Die 6-12 Jährigen. Einführung in die Probleme des Kindesalters", Weinheim und Basel 1999.

Baacke, D: „Medienpädagogik", Tübingen 1997.

Bandura, A.: „Aggression. Eine sozial-lerntheoretische Analyse", in: (ders. Hrsg.): „Sozial-kognitive Lerntheorie", Stuttgart 1979.

Bandura, A.: „Sozial-kognitive Lerntheorie", Stuttgart 1979.

Barth, M.: „Entwicklungsstufen des Kinderwerbeverständnisses - ein schema- und wissensbasiertes Modell." In: Charlton, M. u. a. (Hrsg.): „Fernsehwerbung und Kinder." Bd 2: Rezeptionsanalyse und rechtliche Rahmenbedingungen, Opladen 1995, S. 17 – 30.

Berkowitz, L: "Roots of Aggression", New York 1969.

Boehnke, K/Münch, T.: „Radio, Musikfernsehen und Internet in der Entwicklung Jugendlicher", in: K. Boehnke/N.Döring (Hrsg.): „Neue Medien im Alltag: Die Vielfalt individueller Nutzungsmöglichkeiten." Lengerich: Pabst, 1999.

Böhme-Dürr, K: „Fernsehen als Ersatzwelt: Zur Realitätsorientierung von Kindern", in: S. Hoppe-Graff/R. Oerter (Hrsg.): "Spielen und Fernsehen", Weinheim 2000, S. 133-151.

Colby, A & Kohlberg, L: „Das moralische Urteil: Der kognitionszentrierte entwicklungspsychologische Ansatz", in: H. Bertram (Hrsg.): „Gesellschaftlicher Zwang und moralische Autonomie.", Frankfurt/M 1986, S. 130-162.

Dickopp, K.-H: „Lehrbuch der systematischen Pädagogik.", Düsseldorf 1983.

Doelker, C: „Kulturtechnik Fernsehen: Analyse eines Mediums.", Stuttgart 1989.

Eisermann, J: „Mediengewalt- Die Gesellschaftliche Kontrolle von Gewaltdarstellungen im Fernsehen", Wiesbaden 2001.

Erikson, E. H.: „Identität und Lebenszyklus. 3 Aufsätze." (5. Aufl.), Frankfurt am Main 1979.

Erikson, E. H.: „Jugend und Krise. Die Psychodynamik im sozialen Wandel." 3.Auflage, Stuttgart 1980.

Fischer, H-D. / Niemann, J. / Stodiek, O.: „100 Jahre Medien-Gewalt-Diskussionen in Deutschland. Synopse und Bibliographie zu einer zyklischen Entrüstung.", IMK, Institut für Medienentwicklung und Kommunikation GmbH in der Verlagsgruppe Frankfurter Allgemeine Zeitung GmbH (Hrsg.), Frankfurt am Main 1996.

Fischer, H-D: „Renaissance der ,äußeren' und Etappen zur Realisierung von ,innerer' Kommunikationsfreiheit", in: Wolfgang Jacobsen/ Anton Kaes/ Hans Helmut Prinzler (Hrsg.): „Geschichte des deutschen Films", Stuttgart – Weimar 1993.

Fittkau, B.: „Pädagogisch-psychologische Hilfen für Erziehung, Unterricht und Beratung. Band 1 und 2.", Braunschweig 1983.

Franz, K.: „Handlungstheoretische Überlegungen zum ,'Sechs-Stufen-Modell des moralischen Urteils' von Lawrence Kohlberg", in: Europäische Hochschulschriften, Bd.498, Frankfurt 1996.

Friedrichsen, M/ Vowe, G: „Wie gewalttätig sind Medien? Ein Plädoyer für differenzierte Antworten.", in: Friedrichsen, Mike/Vowe, Gerhard (Hrsg.): „Gewaltdarstellungen in den Medien", Opladen 1995, S. 7-17.

Friedrichsen, M: „Grundlagen und Perspektiven in der

Gewalt-in-den-Medien-Forschung", in: Friedrichsen, Mike/Vowe, Gerhard (Hrsg.): „Gewaltdarstellungen in den Medien", Opladen 1995, S. 397-415.

Fuchs, M.; Lamnek, S.; Luedtke, J. : „Tatort Schule. Gewalt an Schulen 1994 B 1999" , Opladen 2001.

Gage, N. Lees, B., David, C.: „Pädagogische Psychologie." (5., vollständig überarbeitete Auflage.), Weinheim 1996.

Galtung, J. G. : „Strukturelle Gewalt.", Reinbek 1975.

Garz, D.: „Die Diskussion um eine höchste Stufe der Moral", in: Oser/Althof (Hrsg.): „Moralische Selbstbestimmung. Modelle der Entwicklung und Erziehung im Wertebereich.", Stuttgart 1992, S.256-292.

Ginsburg, H.P./ Opper, S.: „Piagets Theorie der geistigen Entwicklung.", Stuttgart 1998.

Grimm, J. : „Fernsehgewalt. Zuwendungsattraktivität Erregungsverläufe sozialer Effekt. Zur Begründung und praktischen Anwendung eines kognitiv-physiologischen Ansatzes der Medienrezeptionsforschung am Beispiel von Gewaltdarstellungen.", Opladen; Wiesbaden 1999.

Gudjons, H. : „Pädagogisches Grundwissen. – Überblick-Kompendium-Studienbuch" (7. Aufl.), Bad Heilbrunn 2001.

Haase, H. : „Kinder, Jugendliche und Medien", Frankfurt / M. 1981.

Hausser, K.: „Identitätsentwicklung", New York 1983.

Hawkins, R.P.: "The dimensional structure of children's perceptions of reality. Communications Research" 1977, S. 299-320.

Heißenberger, P. : „Strukturelle und zwischenmenschliche Gewalt aus pädagogischer Sicht", Frankfurt am Main 1997.

Hoffmann, B. : „Medienpädagogik", Weinheim und Basel, 2003.

Hopf, H.W.: „Bilderfluten. Medienkompetenz und soziales Lernen in der Sekundarstufe – Praxishandbuch", Neuried 2002.

Hoppe-Graff, S.: „Spielen und Fernsehen: Phantasietätigkeiten des Kindes", in: Hoppe- Graff, S. u. Oerter, R (Hrsg.): „Spielen und Fernsehen. Über die Zusammenhänge von Spiel und Medien in der Welt des Kindes.", Weinheim u. München 2000.

Hoppe-Graff. S/ Kim, Hye-On: „Die Bedeutung der Medien für die Entwicklung von Kindern und Jugendlichen", in: Oerter, R. & Montada, L (Hrsg.): „Entwicklungspsychologie" (5., vollst. überarb. Aufl.), Weinheim 2002. S. 907-922.

Hurrelmann, K. : „Handbuch der Sozialisationsforschung", Weinheim 1980.

Hurrelmann, K. : „Lebensphase Jugend" (6. Auflage), Weinheim und München 1985.

JIM- Studie 2004: „Jugend, Information, (Multi-)Media, Basisuntersuchung zum Medienumgang 12- bis 19jähriger", Medienpädagogischer Forschungsverbund Südwest (Hrsg.), Baden Baden 2004.

Jugendschutzgesetz und Jugendmedienschutz- Staatsvertrag der Länder: Bundesministerium für Familie, Senioren, Frauen und Jugend (Hrsg.), Berlin 2003.

Kaplan, L: „Abschied von der Kindheit", Stuttgart 1988.

Kegan, R.: „Die Entwicklungsstufen des Selbst" (2. Aufl.), München 1991.

Kepplinger, H. M./ Dahlem, S.: „Medieninhalte und Gewaltanwendung", in: Schwind, H.-D. et al. (Hrsg.): „Ursachen, Prävention und Kontrolle von Gewalt. Analyse und Vorschläge der Unabhängigen Regierungskommission zur Verhinderung und Bekämpfung von Gewalt (Gewaltkommission)", Bd. VIII: Sondergutachten, Berlin 1990, S. 381-396.

Kesselring, T. : "Jean Piaget", München 1999.

Keupp, H. : „Identitätskonstruktionen. Das Patchwork der Identitäten in der Spätmoderne", Reinbek 1999.

KIM-Studie 2004: „Kinder und Medien, Computer und Internet, Basisuntersuchung zum Medienumgang 6- bis 13jähriger", Medienpädagogischer Forschungsverbund Südwest (Hrsg.), Baden Baden 2004.

Kleber, H.: „Konflikte gewaltfrei lösen. Medien- und Alltagsgewalt: Ein

Trainingsprogramm für die Sekundarstufe I", Berlin 2003.

Kohlberg, L.: "Development of moral character and moral ideology", in: M.L. Hoffman & L.W. Hoffman (Hrsg.): "Review of Child Development Research, Vol. I", New York 1964, S. 381-431.

Kohlberg, L: „Zur kognitiven Entwicklung des Kindes", Frankfurt/M. 1974.

Kunczik, M. / Bleh, W. / Maritzen, S. : „Audiovisuelle Gewalt und ihre Auswirkung auf Kinder und Jugendliche. Eine schriftliche Befragung klinischer Psychologen und Psychiater", in: „Medienpsychologie" 1993, S. 3-20.

Kunczik, M. : „Gewalt und Medien", (3. überarb. und aktualisierte Aufl.), Köln; Weimar; Wien 1996.

Kunczik, M. : „Medien und Gewalt", in: Susanne Bergmann (Hrsg.): „Mediale Gewalt, Eine reale Bedrohung für Kinder?", Bielefeld 2000, S. 208 ff.

Lange, E. : „Jugendkonsum im Wandel. Konsummuster, Freizeitverhalten, soziale Milieus und Kaufsucht 1990 und 1996", Opladen 1997.

Lenzen, D: „Pädagogische Grundbegriffe" Bd. 1 und 2. (ders. Hrsg.), Reinbek 1989.

Lieven, J. : „Jugendschutz und Medienkontrolle seit den 50er Jahren", in: S. Hiegemann/W. Swoboda (Hrsg.): „Handbuch der Medienpädagogik", Opladen 1994, S. 167-182.

Lind, G. : „Entwicklung des Moralischen Urteilens, Leistungen und Problemzonen der kognitiven Entwicklungstheorie von Piaget und Kohlberg", in: Lind, G.; Hartmann, H.-A.; Wakenhut, R. (Hrsg.) Zusatz/Reihe: „Moralisches Urteilen und soziale Umwelt.", Weinheim 1983.

Lind, G.: „Ist Moral lehrbar? Ergebnisse der modernen moralpsychologischen Forschung", Berlin 2002.

Loiperdinger, M. : „Filmzensur und Selbstkontrolle", in: Wolfgang Jacobsen/ Anton Kaes/ Hans Helmut Prinzler (Hrsg.): „Geschichte des deutschen Films", Stuttgart – Weimar 1993, S. 479-498.

Lück, H. E. : „Vorwort" zu: Heidbrink, H.: „Stufen der Moral. Zur Gültigkeit der kognitiven Entwicklungstheorie Lawrence Kohlbergs" (ders. Hrsg.), München 1991.

Meuser, M. , Nagel, U. : „Das Experteninterview – Wissenssoziologische Voraussetzungen und methodische Durchführung", in: Friebertshäuser, Barbara, Prengel, Annedore (Hrsg.): „Handbuch Qualitative Forschungsmethoden in der Erziehungswissenschaft", Weinheim und München 2003, S. 481- 491.

Mikos, L. : „Zur Faszination von Action- und Horrorfilmen", in: Friedrichsen, M/ Vowe, G. (Hrsg.): „Gewaltdarstellungen in den Medien. –Theorien, Fakten und Analysen.", Opladen 1995.

Montada, L: „Die geistige Entwicklung aus der Sicht Jean Piagets", in: Oerter, R. & Montada, L (Hrsg.): „Entwicklungspsychologie" (5., vollst. überarb. Aufl.), Weinheim 2002. S. 418-442.

Montada, L: „Moralische Entwicklung und moralische Sozialisation", in: Oerter, R. & Montada, L (Hrsg.): „Entwicklungspsychologie" (5., vollst. überarb. Aufl.), Weinheim 2002. S. 619-647.

Moser, H. : „Einführung in die Medienpädagogik", Opladen 2000.

Mussen, P: „Einführung in die Entwicklungspsychologie" (9. Aufl.), Weinheim 1991.

Noltenius, J. : „Die Freiwillige Selbstkontrolle der Filmwirtschaft und das Zensurverbot des Grundgesetzes", Göttingen 1958.

Oerter, R/Montada, L: „Entwicklungspsychologie" (3., vollständ. überarb. Aufl.), München und Weinheim 1997.

Oser, F. & Althof, W.: „Moralische Selbstbestimmung. Modelle der Entwicklung und Erziehung im Wertebereich", Stuttgart 1992.

Piaget, J. : „Die Psychologie der Intelligenz", Olten 1971.

Piaget, J. : „Meine Theorie der geistigen Entwicklung", Frankfurt a.M. 1983; 1991.

Piaget, J. : „Psychologie der Intelligenz", Zürich 1966.

Piaget, J. : „Theorien und Methoden der modernen Erziehung.", Wien 1972.

Piaget, J. und Inhelder, B. : „Die Psychologie des Kindes", Olten 1972.; Frankfurt a.M. 1977.

Reeves, B/ Nass, C.: "The media equation. How people treat computers, television, and the new media like real people and places.", Stanfort, CA 1997.

Ress, E. : „Die Faszination Jugendlicher am Grauen", Würzburg 1990.

Roth, E. : „Geschichte der Intelligenzforschung", in: Roth, E. (Hrsg.): „Intelligenz. Grundlagen und neuere Forschung", Stuttgart 1998, S. 21-36.

Schnell, R. / Hill, P. B. / Esser, E. : „Methoden der empirischen Sozialforschung", München/Wien 1989.

Schöfthaler, T. / Goldschmidt, D. : „Soziale Struktur und Vernunft", in: (ders. Hrsg.), Frankfurt a.M. 1984.

Schurian, W. : „Psychologie des Jugendalters: eine Einführung.", Opladen 1989.

Schütz, A.: „Der gut informierte Bürger", in: (Ders Hrsg.), Gesammelte Aufsätze Bd. 2, Den Haag 1972.

Schwind, H.-D./ Baumann, J./ Schneider, U./ Winter, M.: „Kurzfassung des Endgutachtens der Unabhängigen Regierungskommission zur Verhinderung und Bekämpfung von Gewalt", in: Schwind, H.-D. et al. (Hrsg.): „Ursachen, Prävention und Kontrolle von Gewalt. Analyse und Vorschläge der Unabhängigen Regierungskommission zur Verhinderung und Bekämpfung von

Gewalt (Gewaltkommission)", Bd. VIII: Sondergutachten, Berlin 1990.

Silbereisen, R. K./ Ahnert,L: „Soziale Kognition. Entwicklung von sozialem Wissen und Verstehen", in: Oerter, R. u. Montada, L. (Hrsg.): „Entwicklungspsychologie." (5. vollst. überarb. Aufl.), Weinheim 2002 S. 590 – 618.

Sprondel, W.: „'Experte' und 'Laie': Zur Entwicklung von Typenbegriffen in der Wissenssoziologie", in: Ders./R. Gratthoff (Hrsg.): „Alfred Schütz und die Idee des Alltags in den Sozialwissenschaften", Stuttgart 1979.

Stückrath, F. /Schottmayer, G.: „Psychologie des Filmerlebens in Kindheit und Jugend.", Hamburg 1955.

Stückrath, F./Schottmayer, G.: „Psychologie des Filmerlebens in Kindheit und Jugend", Hamburg 1955.

Süss, D.: „Der Fernsehkrimi, sein Auto und die jugendlichen Zuschauer: Medienkommunikation aus drei Perspektiven, am Beispiel des Tatort-Krimis 'Kameraden'", Bern 1993.

Theunert, H. : „Gewalt", in: Hüther/Schorb (Hrsg.): „Grundbegriffe Medienpädagogik", München 2005.

Vollbrecht, R. : „Einführung in die Medienpädagogik", Weinheim und Basel 2001.

Vollbrecht, R. : „Jugendmedien", Tübingen 2002.

Wierth-Heining, M. : „Filmgewalt und Lebensphase Jugend – Ein Beitrag zur Faszination Jugendlicher an medialer Gewalt", München 2000.

Zeitschriftenartikel:

„Er verdammt Harry Potter" (Autor unbekannt) Berliner Zeitung, 14.07.2005, S. 31.

Bleh, W. : „Medien und Gewalt", in: W&F - Wissenschaft und Frieden, Heft 3/1993.

FSK- Broschüre: „FSK. Freiwillige Selbstkontrolle der Filmwirtschaft GmbH" (Hrsg.) (6. Aufl.), Wiesbaden 2004.

Gangloff, Tilmann P.: „Kino unter Kontrolle", in: Frankfurter Rundschau, 8.12.2004.

Goehlnich, B. : „Stimmungsbarometer ‚Kinderfilm' – FSK-Freigaben für die jüngsten Kinogänger", in: Freiwillige Selbstkontrolle Fernsehen (Hrsg.): tv-diskurs 10/2003.

Goehlnich, B. : „Stimmungsbarometer 'Kinderfilm'. FSK-Freigaben für die jüngsten Kinogänger", in tv diskurs - Verantwortung in audiovisuellen Medien, Freiwillige Selbstkontrolle Fernsehen (Hrsg.), Heft 21 2002, S. 14-17.

Gottberg, Joachim von.: „Die FSK wird 50", in: Freiwillige Selbstkontrolle Fernsehen (Hrsg.): tv diskurs Nr. 10/Oktober 1999, S. 1-22.

Herlt, K.: „Die Faszination des Grauens. Einige Überlegungen zum Horrorfilm am Beispiel von 'A Nightmare on Elm Street', in: GMK-Rundbrief, 36/1994, S. 40 – 44.

Hönge, F. : „Aufgaben der Freiwilligen Selbstkontrolle der Filmwirtschaft (FSK)", in „Jugendmedienschutzreport", August 4/2004.

Hönge, F. : „Jugendmedienschutz - eine europäische Diskussion", in: „merz" 03/2000.

Hönge, F. : „Mythos und Realität – Anmerkungen zum Thema „Schnitte im Film", in: Freiwillige Selbstkontrolle Fernsehen (Hrsg.): tv-diskurs, Nr. 22, 02/2002.

Hönge, F.: „Hypothesen mit konkreten Folgen: Nach welchen Kriterien werden Filme freigegeben?", in: Freiwillige Selbstkontrollle Fernsehen (Hrsg.): tv diskurs. Heft 6 1998, S. 58-71.

Jehne, B. : „Alles unter Kontrolle", in: Reutlinger General-Anzeiger, 4.12.2004.

Jenny, U. : „Crashkurs für Zauberlehrlinge", in: DER SPIEGEL, 47/2001.

Keupp, H. : „Auf dem Weg zur Patchwork-Identität.", in: „Verhaltenstherapie & Psychosoziale Praxis. Mitteilungen der dgvt", Ausgabe 4/88, 1988, S. 425-438.

Mieg, H.A. & Brunner, B.: „Experteninterviews", MUM Working Paper Nr. 6, Zürich 2001.

Mikos, L. : „Jugendschutz zwischen Altersfreigaben und Filmbewertung. Ein Vorschlag zur Anpassung des Jugendschutzes an die gesellschaftlichen Bedingungen zu Beginn des 21. Jahrhunderts.", in: Freiwillige Selbstkontrolle Fernsehen (Hrsg.): tv diskurs Nr. 20/2002, S. 66-71.

Münch, T. in: Jehne, Bettina: „Alles unter Kontrolle", in: Reutlinger General-Anzeiger vom 4.12.2004.

Pflaum, H.G.: „Für stille Feiertage", in: Süddeutsche Zeitung, 9.12.2004, Nr. 286.

Rodek, H.-G. : „Ein gutes Gremien-Monster. –Die Freiwillige Selbstkontrolle prüft heute den 100.000. Film seit ihrer Gründung 1949", in: DIE WELT vom 10.12.2004.

Rodek, H-G. : „Harry Potter und die Schrecken des Kinos", in: DIE WELT vom 16. November 2002.

Schäfer, K. : „Altersfreigaben stärker differenzieren. Zwei zusätzliche Altersstufen helfen dem Kinderfilm und dem Jugendschutz", in: Freiwillige Selbstkontrolle Fernsehen (Hrsg.): tv diskurs. Heft 20/2002, S. 72-73.

Schmeis, B. : „Die Sünden des deutschen Kinos", in: Frankfurter Neue Presse, 8.12.2004.

Schmeis, B. : „Mit ‚Intimitäten' fing es an", in: Augsburger Allgemeine Zeitung, 10.12.04.

Schorb, B. /Theunert, H. : „Gewalt im Fernsehen. In welchen Formen tritt sie auf? Wie gehen Jugendliche damit um?", in: Medien und Erziehung 6/1982.

Leverkusen, S. 322-331.

Seeßlen, G. : „Und nun beuget die Knie!", in: DIE ZEIT 52/2002.

Sistermann, R. : „Mythen, Gefühle und Symbole, Zur gefühlstheoretischen Fundierung einer symboldidaktischen Glaubenslehre", in: „Evangelische Erziehung", 49/1996, H.1, S. 8-25.

Theunert, H. : "Nicht mehr zeitgemäß? Altersfreigaben aus entwicklungspsychologischer Sicht." in: Freiwillige Selbstkontrolle Fernsehen (Hrsg.): tv-diskurs Nr. 20/ 2002, S. 60-66.

van Versendaal, D. : „Die Vorkoster des Schreckens", in: „Der STERN" 51/ 2004.

Vitouch, P. : „Gewaltfilme als Angsttraining. Kontrollierbare Angstreize stimulieren den Umgang mit realen Ängsten", in: Freiwillige Selbstkontrolle Fernsehen (Hrsg.): tv-diskurs, Nr. 02/1997, S. 40-49.

Wolf, Martin: „Kassensturz im Zauberreich", in: DER SPIEGEL (Jahres-Chronik) , Dezember 2001.

Zinnecker, J.: „Kindheit und Jugend als pädagogische Moratorien. Zur Zivilisationsgeschichte der jüngeren Generation im 20. Jahrhundert", in: D. Benner; H.-E. Tenorth (Hrsg.): „Bildungsprozesse und Erziehungsverhältnisse im 20. Jahrhundert. Praktische Entwicklungen und Formen der Reflexion im historischen Kontext." Zeitschrift für Pädagogik. Nr. 42. Beiheft. Weinheim/Basel 2000, S. 36-68.

Zipfel, A. / Kunczik, M.: „Gewalttätig durch Medien?", in: Bundeszentrale für politische Bildung (Hrsg): „Aus Politik und Zeitgeschichte.", Beilage zur Wochenzeitung: Das Parlament. B 44/2002. Bonn, S. 29-37.

Internetseiten:

Borcholte, A. : „Harryland ist abgebrannt" in SPIEGEL ONLINE, 13.11.2002:

http://www.spiegel.de/kultur/kino/0,1518,222647,00.html

Brunner, U. : „Freiwillige Selbstkontrolle der Filmwirtschaft (FSK)-

Verborgene Macht.":

http://www.fluter.de/look/article.tpl?IdLanguage=5&IdPublication=1&NrIssue=29&NrSection=20&NrArticle=2436

Bundesverband Audiovisueller Medien:

http://www.bvv-medien.de/facts/factframes.html

Business Report zum Videomarkt 2004/2005, Bundesverband Audiovisueller Medien (BVV):

http://www.bvv-medien.de/facts/factframes.html

CINEMA – Online:

http://cinema.msn.de/film_aktuell/filmdetail/film/?typ=inhalt&film_id=543597

Grundsätze der Freiwilligen Selbstkontrolle der Filmwirtschaft GmbH
(17. Fassung vom 24. Oktober 2005)

http://www.spio.de/media_content/422.pdf

Grün, L u.a.: „Eine kleine Klopperei ist ja alltäglich...- Jugendliche der Walter-Gropius-Schule in Neukölln sprechen über Film, Gewalt und Jugendschutz." Ein Projekt der Freiwilligen Selbstkontrolle Fernsehen (FSF) e.V." von 1996.

http://www.fsf.de/fsf2/medienpaedagogik/bild/workshop/gewalt/PROJEKTBERICHT.pdf

Verlagsgruppe Milchstraße:

http://www.vgm.de/anzeigen/cinema/ci_kino.pdf

http://www.zitate.de/detail-kategorie-5238.htm

7. Abbildungsverzeichnis

Abbildung 1: Umsatzentwicklung im Videomarkt 1999-2004

> GfK Panel Services Deutschland:
>
> http://www.bvv-medien.de/facts/factframes.html

Abbildung 2: 3-Faktoren-Modell

> Hopf, H.W.: „Bilderfluten. Medienkompetenz und soziales Lernen in der Sekundarstufe – Praxishandbuch", Neuried 2002.

Abbildung 3: Medienkommunikationsmodell der „3 Wirklichkeiten"

> Süss, D.: „Der Fernsehkrimi, sein Auto und die jugendlichen Zuschauer: Medienkommunikation aus drei Perspektiven, am Beispiel des Tatort-Krimis ‚Kameraden'", Bern 1993.

Abbildung 4: Die acht Krisenstufen nach Erikson

> Gudjons, H. : „Pädagogisches Grundwissen. – Überblick-Kompendium-Studienbuch" (7. Aufl.), Bad Heilbrunn 2001.

Abbildung 5: Kohlbergs Theorie der Moralentwicklung

> Fittkau, B.: „Pädagogisch-psychologische Hilfen für Erziehung, Unterricht und Beratung. Band 1 und 2.", Braunschweig 1983.

Abbildung 6: Experte versus Interviewer

> Mieg, H.A. & Brunner, B.: „Experteninterviews", MUM Working Paper Nr. 6, Zürich 2001.

8. Danksagung

An dieser Stelle der Arbeit möchte ich mich bei all denen bedanken, die dazu beigetragen haben, dass die Arbeit in dieser Form vorliegt.

Zu aller erst möchte ich mich bei meiner Familie bedanken, die mir oft genug den Rücken freigehalten hat und mich so weit es ging unterstützt hat.

Einen großen Dank gebührt auch meiner Freundin Janine, die mir in der ganzen Zeit mit Rat und Tat zur Seite stand.

Bedanken möchte ich mich außerdem bei Frau Birgit Goehlnich, mit ihrer Hilfe ich die Möglichkeit bekam, diese hochkarätigen Experten interviewen zu dürfen. Und Herrn Gerd Albrecht, Christian König und Dominik Becker für die sehr hilfreichen Korrekturen.

Erklärung

Hiermit erkläre ich, dass ich die Arbeit selbstständig verfasst und keine anderen als die angegebenen Hilfsmittel und Quellen verwendet habe.

Marburg, den 01.03.2006

Timo Uhlenbrock

Wissensquellen gewinnbringend nutzen

Qualität, Praxisrelevanz und Aktualität zeichnen unsere Studien aus. Wir bieten Ihnen im Auftrag unserer Autorinnen und Autoren Diplom-, Magister- und Staatsexamensarbeiten, Master- und Bachelorarbeiten, Dissertationen, Habilitationen und andere wissenschaftliche Studien und Forschungsarbeiten zum Kauf an. Die Studien wurden an Universitäten, Fachhochschulen, Akademien oder vergleichbaren Institutionen im In- und Ausland verfasst. Der Notendurchschnitt liegt bei 1,5.

Wettbewerbsvorteile verschaffen – Vergleichen Sie den Preis unserer Studien mit den Honoraren externer Berater. Um dieses Wissen selbst zusammenzutragen, müssten Sie viel Zeit und Geld aufbringen.

http://www.diplom.de bietet Ihnen unser vollständiges Lieferprogramm mit mehreren tausend Studien im Internet. Neben dem Online-Katalog und der Online-Suchmaschine für Ihre Recherche steht Ihnen auch eine Online-Bestellfunktion zur Verfügung. Eine inhaltliche Zusammenfassung und ein Inhaltsverzeichnis zu jeder Studie sind im Internet einsehbar.

Individueller Service – Für Fragen und Anregungen stehen wir Ihnen gerne zur Verfügung. Wir freuen uns auf eine gute Zusammenarbeit.

Ihr Team der Diplomarbeiten Agentur

Diplomica GmbH
Hermannstal 119k
22119 Hamburg

Fon: 040 / 655 99 20
Fax: 040 / 655 99 222

agentur@diplom.de
www.diplom.de

Printed in Poland
by Amazon Fulfillment
Poland Sp. z o.o., Wrocław

38350272R00078